全身1万円以下で"きちんとして見える"
― 毎日しまむらコーデ ―

しまりんご
[Shimaringo]

はじめに

「1万円で全身が揃えられる」
　そんなしまむらの魅力に気がついたのは5年前。Harris Tweed（ハリスツイード）とのコラボアイテムの発売でした。普段なら手が出ないブランドが、しまむらならプチプラで手に入る。そして、よく見るとプチプラには見えないほど商品が豊富。おしゃれに苦手意識のあった私でしたが、次第にコーデづくりにはまっていきました。

　はじめまして、私は、しまりんごと申します。
　「しまりんごの毎日しまむらコーデ」というブログで、しまむら、GUをはじめとする"プチプラブランドだけでの全身コーデの魅力"を伝えています。
　私は、プチプラのなかでも特にしまむらが大好きで、新作が発売される毎週水曜日にはしまむらに足を運ぶ、いわゆる"しまパト"を欠かしません。
　私の"しまパト"の極意は、しまむらに見えないアイテムを見つけること！ 他の人とカブらないのがしまむらの魅力であり、お値段以上に"高見え"するアイテムもたくさん見つかります。

しまむらに出会うまで私の服選びは、「浮かないように」または「着ていて楽」が基準でした。それが今では、トレンドを押さえたアイテムをチェックし、毎週のように"しまパト"しています。
　まさに、しまむらが私にファッションの楽しさを教えてくれました。

　そんな私が大事にしているのが、"きちんと見えコーデ"です。オフィスでも、ママとしても、「おしゃれできちんとした人に見られたい」、そんな願いをかなえるコーデづくりをしています。
　今回は、使用アイテムをしまむら、GU、ユニクロなどのプチプラブランドだけに絞り、全身で1万円以下のコーデを提案します！　あらゆる場面でおしゃれを楽しみたい、そして幅広い人に「きちんとした人に見られたい」という願望をかなえる123コーデを揃えました。

　この本を通して、"全身プチプラでもオシャレを楽しめる"が伝われば幸いです。

しまりんご

- CONTENTS -

はじめに …………………………………………………………………… 2

春 Spring 32コーデ …………………………………………… 6

Column 1 大人はプチプラでも"きちんと見えコーデ"を ………… 38
- "きちんと見えコーデ"のコツ ………………………………………… 39
- "きちんと感"のあるプチプラの選び方 ……………………………… 40

夏 Summer 30コーデ ………………………………………… 42

Column 2 大人の女性にこそおすすめのしまむらブランド ……… 74

秋 **Autumn** 31コーデ ·· 78

Column 3 しまパトの極意 ·· 110
　− プチプラハンターの1週間 ·································· 110
　− プチプラショッピングは入念なチラシチェックから ········ 113
　− しまむらにおける効率の良い店内の回り方 ················ 114

冬 **Winter** 30コーデ ·· 116

Column 4 魅惑のプチプラ小物の世界 ··························· 148
　− しまむら＆GUの小物の特徴 ······························· 149
　− しまりんご流・プチプラ小物の選び方 ···················· 152
　− ヘビロテ率高し！大人におすすめのプチプラ小物 ········ 153

春
Spring

新緑の香りに誘われて
鮮やかな彩りを身に纏い
春の装いを楽しむ

スプリングコートとボトムスの**丈感**が
"きちんと見えコーデ"の決め手

Outer
¥ 3,900 [しまむら]

Tops
¥ 1,900 [しまむら]

Bag
¥ 1,900 [しまむら]

- earrings：しまむら
- watch：Chambre

Bottoms
¥ 1,900 [しまむら]

Shoes
¥ 1,900 [しまむら]

Total ¥ 7,600

（アウター含めて¥11,500）

ボルドーの差し色で大人の印象に見せてくれる花柄スカート。
スカートとコートの丈感を合わせると、コートを羽織った時にも野暮ったく見えません。
コートとパンプスの色を合わせて統一感を出せば、大きな花柄でも安心できるコーデに。

※掲載アイテムはすべて著者私物であり、著者購入時の価格です。各ブランドへの問い合わせはご遠慮ください。

On mode

落ち着いた配色で"かっこいい女"仕上げ 失敗なしのパンツスタイル

春 Spring

Tops
¥ 1,980 [Avail]（※1）

Bag
¥ 2,900 [しまむら]

- watch : Chambre（※2）

Bottoms
¥ 1,900 [しまむら]

Shoes
¥ 2,490 [GU]

Total ¥ 9,270

仕事モードに欠かせないネイビーは重たくなりがち。軽さを出すため2つのポイントを意識しました。①トップスにはシフォンなどの柔らかな素材を②ボトムスにはグレーを合わせる。七分袖で手首を見せて適度な肌の露出を意識。ワイドパンツもアンクル丈で、春らしい抜け感を楽しんで。

※1 Avail(アベイル)：しまむら姉妹店　※2 Chambre(シャンブル)：しまむら姉妹店

花柄のスカートはネイビーでフォーマル仕様
春映えするフェミニンアイテム

Bag
¥ 1,990 [GU]

Tops
¥ 1,980 [Avail]

Bottoms
¥ 1,900 [しまむら]

- earrings：しまむら
- necklace：しまむら
- watch：Chambre

Shoes
¥ 1,900 [しまむら]

Total ¥ 7,770

華やかな花柄スカートは春の鉄板アイテム。トップスにどんなボトムスでも合わせやすいシンプルなニットを持ってくることで、大きめの花柄を引き立たせることができます。ハリのある素材でスカートのボリューム感を強調して。

甘さを感じる**花柄ブラウス**は**アースカラー**に落とし込むと馴染みやすい

春 Spring

Outer
¥ 2,900 [しまむら]

Tops
¥ 1,900 [しまむら]

- watch : しまむら

Bottoms
¥ 1,900 [しまむら]

Bag
¥ 1,900 [しまむら]

Shoes
¥ 900 [しまむら]

Total ¥ 6,600
（アウター含めて¥9,500）

小花柄にはアースカラーのアイテムを合わせると幼く見えません。シンプルなデザインまたは落ち着いたカラーで足し引きを。くすんで見えがちなカーキですが、イエローのショルダーを持つことで鮮やかさをプラス。

カジュアルの定番！ **デニム×スニーカー**
ブラウスに合わせて大人可愛く

Tops
¥ 500 [Avail]

Bag
¥ 990 [GU]

Bottoms
¥ 2,490 [GU]

- earrings：しまむら
- watch：daiso

Shoes
¥ 1,200 [しまむら]

Total ¥ 5,180

デザイン性の高いレースに、細やかなギンガムチェックが特徴のブラウスは、爽やかな印象を与えてくれます。淡い色のデニムで全体を明るく見せれば、一気に春らしさが増します。さらにシューズやバッグに真っ白なアイテムを合わせればバッチリ！

デニムは春コーデのマストアイテム
カジュアルなボーダーでピクニックスタイル

春 *Spring*

Outer
¥ 2,900 [しまむら]

Tops
¥ 1,050 [しまむら]

Bag
¥ 1,000 [しまむら]

Bottoms
¥ 2,480 [Avail]

Shoes
¥ 1,900 [しまむら]

Total ¥ 6,430
（アウター含めて¥9,330）

ボーダー柄は、世代を選ばずオールシーズン使えるカジュアルコーデの定番。春の休日スタイルにぴったりなマウンテンパーカーは、ナチュラルに見せてくれるアイボリーがおすすめです。カジュアルなスニーカーには、メタリックな素材感で自分らしさを取り入れて。足元まで華やかに、トレンド感を楽しむことができます。

春 *Spring*

フォーマルコーデにワンポイント
ピンクのパンプスで春らしさを意識

Tops
¥ 1,900 [しまむら]

- watch : Chambre

Bottoms
¥ 1,900 [しまむら]

Bag
¥ 2,900 [しまむら]

Shoes
¥ 2,490 [GU]

Total ¥ 9,190

ハイネックのシルエットが知性を感じさせるブラウスは、ストライプ柄でキリッとクールな印象に。とろみ感のある柔らかな素材を選ぶことで、キツさを抑えてくれます。
シンプルなコーデには春色パンプスを合わせて。スエード調の質感が"高見え"するお気に入りのパンプスです。

大人っぽさを引き出したい時は**パープル**を
黒のパンプスと合わせればよりエレガントに

春 Spring

Tops
¥ 1,980 [Avail]

Bottoms
¥ 1,900 [しまむら]

Bag
¥ 2,900 [しまむら]

- necklace : GU
- watch : daiso

Shoes
¥ 2,490 [GU]

Total ¥ 9,270

大人の印象を見せてくれるパープル。柔らかなニット素材を活かして、淡いカラーを取り入れましょう。
バッグやシューズには引き締めカラーのブラックを。迷った時に裏切らない鉄板カラーです。

春の通勤コーデは爽やかスタイル
スキッパー襟でヘルシーな肌見せを

- necklace：しまむら
- watch：Chambre

Tops
¥ 1,500 [しまむら]

Cardigan
¥ 900 [しまむら]

Bag
¥ 900 [しまむら]

Bottoms
¥ 900 [しまむら]

Shoes
¥ 900 [しまむら]

Total ¥ 5,100

シャツスタイルは少し大きめに胸元が開いたものを。抜け感が大人っぽさを演出してくれます。ホワイトデニムは、合わせるアイテムによって通勤スタイルにもなります。ネイビーのバッグとパンプスで、ブルー×ホワイトコーデをキリッと引き締めて。

アニマル柄にはピンク合わせがオススメ
淡いカラーで上品ウケを狙って

春 Spring

Tops
¥ 900 [しまむら]

Bag
¥ 2,900 [しまむら]

Bottoms
¥ 1,900 [しまむら]

- earrings：しまむら
- necklace：しまむら

Shoes
¥ 2,490 [GU]

Total ¥ 8,190

肌寒い季節の変わり目には、カラーから春を取り入れて。ピンク×ベージュの春配色で大人ガーリーに。トレンドはボトムスや小物に取り入れると賑やかになりすぎず、さり気ないコーデを演出できます。

ハードな印象の**ヒョウ柄スカート**には **トップスを同系色**でまとめて

Tops
¥ 1,900 [しまむら]

Bottoms
¥ 1,900 [しまむら]

Bag
¥ 1,900 [しまむら]

- earrings：しまむら
- watch：Chambre

Shoes
¥ 2,100 [しまむら]

Total ¥ 7,800

チュール×レオパード柄の個性的なスカート。プチプラに見えない華やかなデザインは、同性からのウケも抜群です。ハードになりすぎないよう小物は女性的なアイテムを。小ぶりなサイズのバッグを持つことで、フェミニンに見せてくれます。

大人カジュアルはシンプルがポイント
手抜きに見えない**主役級ブーツ**を合わせて

春 Spring

Outer
¥ 2,900 [GU]

Bag
¥ 900 [しまむら]

- watch : Chambre

One-piece dress
¥ 1,500 [しまむら]

Shoes
¥ 2,900 [しまむら]

Total ¥ 5,300
（アウター含めて¥8,290）

ワンピースは凹凸感のあるワッフル素材。肌触りも良くストレスフリーな着心地が魅力です。リラックススタイルにぴったりで、子供達とのお出掛けでも過ごしやすい。メリハリを出すために、マウンテンパーカーはネイビーをチョイスしました。

大事な人に会う日には本命コーデ
春映えスカートで気分を上げて

Bag ￥ 2,900 [しまむら]

Tops ￥ 1,500 [しまむら]

Bottoms ￥ 1,900 [しまむら]

- earrings：しまむら
- necklace：しまむら

Shoes ￥ 1,900 [しまむら]

Total ￥ 8,200

パッと目を引くピンクのスカートをコーデのメインに。裾が特徴的なイレギュラーヘムは、フレアシルエットを綺麗に見せてくれます。パールの付いたパンプスで足元にも抜け目なし。

落ち着いた配色にこそ "こだわり" を
レースブラウスでおしゃれ度アップ

春 *Spring*

Tops
¥ 1,900 [しまむら]

Bottoms
¥ 1,980 [Avail]

Bag
¥ 2,980 [Avail]

- earrings：しまむら
- watch：Chambre

Shoes
¥ 1,900 [しまむら]

Total ¥ 8,760

春らしいレースたっぷりのブラウスは、首元が詰まったデザインを選んで。女性らしさが出る胸元の露出を抑えることで、甘くなり過ぎません。
バッグのスカーフチャームが、シンプルなコーデを華やかに見せてくれます。

春の陽気に中だるみしそうな日はフォーマルコーデで仕事モード

Tops
¥ 1,900 [しまむら]

Bag
¥ 2,900 [しまむら]

Bottoms
¥ 1,980 [Avail]

- necklace：しまむら
- watch：Chambre

Shoes
¥ 1,900 [しまむら]

Total ¥ 8,680

きちんと感を出したい時はストライプブラウスがマストアイテム。ベージュのワイドパンツを合わせることで、まろやかな印象に。とろみ感のある素材を選ぶのも重要なポイントです。

通勤が楽しくなる春の定番コーデ
白ニット×紺スカートは好印象◎

春 Spring

Tops
¥ 1,980 [Avail]

Bag
¥ 2,900 [しまむら]

Bottoms
¥ 1,330 [しまむら]

- earrings：しまむら
- necklace：GU

Shoes
¥ 2,490 [GU]

Total ¥ 8,700

リネン風の爽やかな素材のスカートは、ネイビーでも軽さを感じられます。トップスをインして、全体のバランスが良く見えるように意識。オフホワイト×ネイビーの定番の組み合わせには、足元に差し色を入れましょう。華やかさがプラスされ、個性的な仕上がりに。

シャツワンピをデニムで着こなす
パンプスと合わせてキリッと大人っぽく

Tops
¥ 1,900 [しまむら]

Bag
¥ 2,900 [しまむら]

Bottoms
¥ 900 [しまむら]

- **earrings**：しまむら
- **watch**：しまむら

Shoes
¥ 2,490 [GU]

Total ¥ 8,190

カジュアルなイメージが強いデニムでも、シャツを合わせれば綺麗めに仕上がります。パンプスを合わせることで少し大人っぽさを意識。袖はロールアップして、さり気ない肌見せをすることで季節感を出せます。

ぽかぽか陽気の休日はゆるっと楽ちんに
ちら見え**シフォン**が春のポイント

春 *Spring*

One-piece dress
¥ 1,900 [しまむら]

- watch : daiso

Bag
¥ 1,000 [しまむら]

Shoes
¥ 1,200 [しまむら]

Total ¥ 4,100

休日に楽しみたいレイヤードスタイル。ざっくりとした編み感が大人可愛いニットワンピースと、裾からチラリと見えるシフォンプリーツは春らしい揺れ感が魅力です。爽やかな白スニーカーを履いて春のカジュアルコーデを存分に楽しんで。

若草色スカートとレザー風バッグで知性を感じる春の落ち着きコーデ

Tops
¥ 1,900 [しまむら]

Bottoms
¥ 1,900 [しまむら]

- earrings：しまむら
- watch：Chambre

Bag
¥ 2,980 [Avail]

Shoes
¥ 1,900 [しまむら]

Total ¥ 8,680

存在感のある大きめプリーツがコーデのポイント。スカートをはく時には可愛さの足し引きが大事です。他のアイテムはシンプルなものを選び、大人っぽさを演出しましょう。スクエアバッグは特に効果的なアイテムです。

夜に大事な食事会！ 上品なフォーマルコーデで
バッグと靴を黒にしてぐっとエレガントに

春 Spring

Tops
¥ 1,900 [しまむら]

Bag
¥ 2,900 [しまむら]

Bottoms
¥ 1,900 [しまむら]

- earrings：しまむら
- necklace：しまむら
- watch：Chambre

Shoes
¥ 2,490 [GU]

Total ¥ 9,190

トップスは袖のレースが華やかなので、あえてくすみ感のある色を選びます。落ち着いた色味を選ぶことで大人の甘さを出すことができ、洗練されたコーデに仕上がります。

初打ち合わせの日は**ブルーを基調**に
仕事着の定番を爽やかに仕上げる

Tops
¥ 1,500 [しまむら]

Bottoms
¥ 1,900 [しまむら]

Bag
¥ 2,900 [しまむら]

- earrings : しまむら
- necklace : しまむら
- watch : Chambre

Shoes
¥ 1,900 [しまむら]

Total ¥ 8,200

外部の方との打ち合わせでは、幅広い層に好印象なネイビーパンツを。"第一印象は見た目から"。露出は抑えて、清潔感のあるコーデを心掛けます。ブルー系を合わせて爽やかに仕上げると、初対面の方相手でも安心です。

春コーデの定番にワンアクセント
ビビッドカラーを取り入れて華やかに

Tops
¥ 500 [Avail]

Bag
¥ 1,900 [しまむら]

Bottoms
¥ 1,900 [しまむら]

- earrings：しまむら
- necklace：しまむら
- watch：しまむら

Shoes
¥ 1,900 [しまむら]

Total ¥ 6,200

疲れ気味な時にこそ取り入れたいビタミンカラーはバッグで取り入れてみましょう。面積の狭いアイテムであれば、ビビッドカラーも抵抗なく使うことができます。

柄物ブラウスには単色スカートが鉄則
かごバッグを合わせればよりカジュアルに

- watch：しまむら

Tops
¥ 1,900 [しまむら]

Bottoms
¥ 1,990 [GU]

Bag
¥ 2,980 [Avail]

Shoes
¥ 1,900 [しまむら]

Total ¥ 8,770

春にヘビロテしたい小花柄のブラウスは単色スカートとの相性が抜群です。スカートのスリットからのチラ見えで大人っぽさを演出。可愛らしい小花柄ですが、タイトなシルエットのスカートを合わせることで、大人らしい着こなしに仕上げることができます。

春コーデの楽しみのひとつ、**デニムジャケット**
淡い色を合わせてデニムの重たさを軽減して

春 Spring

Outer
¥ 2,900 [しまむら]

Tops
¥ 650 [しまむら]

Bottoms
¥ 1,900 [しまむら]

Bag
¥ 1,900 [しまむら]

- earrings：しまむら
- watch：Chambre

Shoes
¥ 2,900 [しまむら]

Total ¥ 7,350
（アウター含めて¥10,250）

デニムジャケットはややオーバーサイズなシルエットのデザインを。肩のラインを拾わないドロップショルダーは華奢な女性に見せてくれます。こなれ感も出て、今時なコーデに仕上がります。カジュアルコーデにはフェミニンなバッグを持ってメリハリを意識。

単色ニットで柄物スカートを映えさせて
パール使いで胸元にアクセントを

Tops
¥ 980 [しまむら]

Bag
¥ 2,900 [しまむら]

Bottoms
¥ 1,900 [しまむら]

- earrings : しまむら
- necklace : しまむら
- watch : Chambre

Shoes
¥ 2,490 [GU]

Total ¥ 8,270

ふんわりと柔らかなシフォン素材を使った"裾消しプリーツ"のスカート。裾に向かってプリーツが消えていくデザインです。綺麗に広がるフレアシルエットが、レオパード柄のキツさを抑えてくれます。

ブルーニット×ホワイトデニムで清潔感アップ

春 Spring

Outer
¥ 3,900 [しまむら]

Tops
¥ 500 [しまむら]

Bag
¥ 1,900 [しまむら]

- earrings：しまむら
- watch：Chambre

Bottoms
¥ 900 [しまむら]

Shoes
¥ 2,490 [GU]

Total ¥ 5,790
（アウター含めて¥9,690）

すっきりとシャープに見せてくれるVネックの春ニットは、マルチボーダーでコーデを印象的に。
トレンチコートは合わせやすいネイビーとベージュを持っていると、春のアウター選びに悩みません。2色揃えられるのもプチプラならでは。

トレンチデザインをスカートにオン
春カラーは足元から意識

Tops
¥ 1,980 [Avail]

Bag
¥ 2,900 [しまむら]

Bottoms
¥ 1,900 [しまむら]

- necklace : しまむら
- watch : Chambre

Shoes
¥ 2,490 [GU]

Total ¥ 9,270

春を感じさせるトレンチデザインをスカートにオン。定番を押さえつつもレディなシルエットで通勤コーデを完成させて。顔回りを明るく見せてくれるオフホワイトのニットには、華やかなパールネックレスをアクセントに。ほど良い肌見せができるボートネックにはロングネックレスが相性抜群です。

On mode

カーキはオールシーズン使える万能カラー
世代も選びません

春 Spring

Tops
¥ 1,900 [しまむら]

Bag
¥ 2,900 [しまむら]

Bottoms
¥ 900 [しまむら]

- earrings：しまむら
- necklace：GU

Shoes
¥ 1,900 [しまむら]

Total ¥ 7,600

花柄をカジュアルに着こなしたい時はチノスカートと合わせて。縦のラインを強調してくれるタイトなシルエットは、気になる体型もカバーしてくれます。合わせるバッグやシューズはベージュを選ぶと全体が柔らかな印象に。

真っ白なスニーカーは
どんなコーデにも合う鉄板アイテム

Outer
¥ 2,480 [Avail]

Tops
¥ 1,900 [しまむら]

Bottoms
¥ 2,480 [Avail]

Bag
¥ 2,900 [しまむら]

- earrings：しまむら
- watch：しまむら

− Another −

Shoes
¥ 1,200 [しまむら]

Total ¥ 8,480
（アウター含めて¥10,960）

カジュアルガーリーに欠かせないデニムスカート。フロントボタンでデザイン性を楽しんで。
春らしいピンクをカーディガンで取り入れれば、"大人可愛い"を存分に楽しめます。
別のパターンではカーキジャケットを合わせています。甘さを抑えた大人のカジュアルも。

休日が楽しみになる**華やかワンピース**を
カジュアルに着こなし家族とお出掛け

春 Spring

Outer
¥ 2,900 [しまむら]

One-piece dress
¥ 1,900 [しまむら]

Bag
¥ 2,000 [しまむら]

- earrings : しまむら
- watch : しまむら

- Another -

Shoes
¥ 1,900 [しまむら]

Total ¥ 5,800
（アウター含めて¥8,700）

ガーリーな花柄ワンピースには、カジュアルアイテムを合わせるのがマスト。ナイロンパーカーとリュックで総花柄の甘さを適度にカジュアルダウンして。
別パターンではデニムジャケットとウエストポーチを合わせていますが、こちらはキリっと活動的になります。レースアップシューズはソックスによっても印象が変わるのでいろいろ試してみてください！

Column 1
大人はプチプラでも"きちんと見えコーデ"を

　大人世代のファッションで、私が最も大事だと思うのは"きちんと感"です。なぜなら洋服には、おしゃれを楽しむだけでなく、「会う人やシーンに合わせる」ことで好印象を与えたり、コミュニケーションをスムーズに運んだりする「潤滑油」のような役割があると考えているからです。
　でも、「きちんと感のある洋服＝値段が高い」というイメージがあり、なんとなく「プチプラブランドではちゃんとした洋服は買えない」と思っている人が多いのではないでしょうか？　私も以前はそう思っていました。ところが、実際にプチプラで全身をコーディネイトするようになってみると、全くそんなことはありませんでした！　プチプラでも、おしゃれで、かつ"きちんとした人"に見えるコーデがかないます。
　ここでは、アラサー世代である私が、幅広い年齢層に好印象を与える「"きちんと見えコーデ"のコツ」と、「"きちんと感"のあるプチプラアイテムの選び方」についてお伝えさせていただきます。

オフホワイト・ネイビー・ピンクの3色コーデ。ピンクのパンプスを活かすために、他のアイテムはベーシックな色同士を組み合わせました。

コーデの主役となる柄物スカートを引き立たせるため、他のアイテムはシンプルに。柄に使われている色を拾ってアイテムの色を選ぶと、統一感が出ます。

"きちんと見えコーデ"のコツ

① 3色までに抑えるべし！

多色使いはバランスが悪くなってしまいがちなので、コーデは3色以内にまとめるのが正解。このルールを守ることで、統一感のある上品コーデが完成します。

色は、ホワイト・ネイビー・ブラック・グレー・ベージュといったベーシックなカラーを取り入れると品良くまとまります。

② 柄物は1点に絞るべし！

チェック、花柄、ストライプ、ドット……目を引きやすい柄物は1点に絞るのが、"きちんと見えコーデ"ではベストな選択。

特に、トップスやスカートは必然的にコーデの主役になるため、柄を活かす意味でも、シンプルなものと合わせるようにしましょう。

Column 1

大人の女性にとって合わせやすいミモレ丈スカート。ひざが隠れるうえに、適度に足首を出すことで細見え効果もあります。

③ ボトムスの「丈感」にこだわるべし！

肌の露出度は"きちんと感"を左右します。特にボトムスの「丈感」は印象に大きく関わるので重要なポイントです。

スカートはひざが隠れるミモレ〜ロング丈、パンツはアンクル丈がおすすめ。"きちんと感"がありつつ、抜け感も出せます。

"きちんと感"のあるプチプラの選び方

① "高見え"する素材を選ぶべし！

上質な素材でつくられた洋服は、それだけで"きちんと感"がありますが、プチプラファッションの値段感が最も反映されるのも、また素材。

そのため、プチプラで意識すべきは、「安っぽく見えないか？」「シワが付きやすくないか？」など、素材のクオリティをチェックすること。女性らしい"とろみ感"のある素材や、大人っぽく抜け感が出るスキッパー襟

左・レースが安っぽく見えないかをチェック。このしまむらのシャツはレースが細かいうえに縫製がしっかりしていたのでとても重宝しています。／右・しまむらの「WITH美ブラウス」。"とろみ感"のある素材でお値段以上の商品です。

など、女性らしさがありつつ露出が少ないものもおすすめです。

② トレンド感があり過ぎるものは避けるべし！

"きちんと見えコーデ"を意識した洋服選びをする場合は、トレンドに左右されずに使い回しの利くデザインか、来年も着られる洋服かどうかを基準に選ぶと良いでしょう。

かといって、トレンドを思いきり楽しめるのもプチプラの良さ。トレンドアイテムを取り入れる場合は、1アイテム投入がさりげなくておすすめです。

③ 着回しやすい定番アイテムをゲットすべし！

持っていると重宝するのが、無地のトップスとボトムス。シンプルなアイテムはどんなデザインのアイテムとも合わせやすいので、コーデに悩んだ時の強い味方になってくれます。

夏
Summer

薫風に身を置きながら
強い日射しを軽やかにはね返す
レースブラウスで夏を乗りきって

暑い日でも涼しく爽やか
ベージュの小物でクールさを和らげて

Tops
¥ 1,490 [GU]

Bag
¥ 2,900 [しまむら]

Bottoms
¥ 1,330 [しまむら]

- necklace：しまむら
- watch：Chambre

Shoes
¥ 1,900 [しまむら]

Total ¥ 7,620

暑い日はブルーで清涼感を意識して。"とろみ感"のあるブラウスは女性らしさを引き出してくれます。通勤に着回しやすいネイビーのスカートは周りからも好印象。

ボタニカル柄が夏を鮮やかに彩る
仕事中でもおしゃれを楽しんで

Tops
¥ 1,900 [しまむら]

Bag
¥ 2,900 [しまむら]

Bottoms
¥ 1,980 [Avail]

- necklace：しまむら
- watch : Chambre

Shoes
¥ 1,900 [しまむら]

Total ¥ 8,680

夏 Summer

大人の女性にぴったりなボタニカル柄で夏らしさを取り入れて。柄物のトップスでも、ビビッドカラーが入ることで甘さを抑えることができます。鮮やかな柄にはベージュのワイドパンツで柔らかな印象を。

シックな色合いに映える差し色バッグ
ビタミンカラーでコーデにメリハリを

Tops
¥ 1,500 [しまむら]

Bag
¥ 1,900 [しまむら]

Bottoms
¥ 1,900 [しまむら]

- earrings：しまむら
- necklace：GU
- watch：daiso

Shoes
¥ 1,900 [しまむら]

Total ¥ 7,200

大人っぽさを演出するシックな色合いにも個性を。タイトなシルエットのサマーニットを選んでコーデにメリハリを。
足元はパイソン柄で少し辛口に。シンプルなコーデに映える大人デザインがお気に入りです。

休日出勤は少しラフに
動きやすい**ジーンズにパンプス**を合わせて

Tops
¥ 1,290 [UNIQLO]

Bag
¥ 1,900 [しまむら]

- watch：しまむら

Bottoms
¥ 1,900 [しまむら]

Shoes
¥ 2,490 [GU]

夏 Summer

Total ¥ 7,580

1枚は持っておきたいシンプルな白シャツ。コーデに悩んだ日に取り入れやすいベーシックアイテムです。差し色にぴったりのイエローのショルダーバッグは、ビタミンカラーで気持ちも元気になります。

夏だからこそのサンダル＆Tシャツ
オーバーシルエットでゆるっと抜け感を

Tops
¥ 1,980 [Avail]

- watch : daiso

Bag
¥ 980 [Avail]

Bottoms
¥ 1,900 [しまむら]

Shoes
¥ 1,500 [しまむら]

Total ¥ 6,360

休日は思いきりカジュアルに。子供とのお出掛けには動きやすいアイテムを選びたいですよね。スポーツブランドのプリントがアクセントとなるコーデです。バックルが付いているので、ベルトなしでもウエスト周りをすっきり見せることができます。

見ているだけであふれる清涼感
ママ友ランチは**デニム**でカジュアルさを演出

夏 Summer

Tops
¥ 1,980 [Avail]

Bag
¥ 2,980 [Avail]

Bottoms
¥ 2,490 [Avail]

Shoes
¥ 990 [GU]

- necklace：しまむら
- watch：Chambre

Total ¥ 8,440

大人可愛いペプラムデザイン。フェミニンになりがちなアイテムには、デニムスカートを合わせて休日らしさを。大きめのバッグは、ママ友とのランチや家族とのお出掛けにもぴったり。アースカラーでナチュラルな印象を際立たせてくれます。

自分へのご褒美に美容院へ
ビビッドな赤で情熱的かつエレガントに

Bag
¥ 1,900 [しまむら]

Tops
¥ 1,500 [しまむら]

- earrings : しまむら
- watch : Chambre

Bottoms
¥ 900 [しまむら]

Shoes
¥ 1,900 [しまむら]

Total ¥ 6,200

ぐっと夏らしいリゾート感が出るボタニカル柄。花柄と比べて落ち着いた印象に見せてくれるので、大人の女性に似合います。スキッパー襟でほど良い肌見せを。鮮やかなレッドが真夏の疲れに喝を入れてくれます。

小洒落たレストランは黒で大人っぽく
トレンドアイテムはボトムスにオン

夏 *Summer*

Tops
¥ 1,980 [Avail]

Bag
¥ 1,900 [しまむら]

Bottoms
¥ 1,900 [しまむら]

- necklace : しまむら
- watch : daiso

Shoes
¥ 2,490 [GU]

Total ¥ 8,270

トレンド柄はボトムスに取り入れるのがおすすめです。軽やかなシフォン素材のプリーツスカートは、裾消しされたフレアシルエットで表情豊か。重たく見えがちなブラックのトップスを、華やかに見せてくれるアイテムです。

フォーマルでもノースリーブに挑戦
黒パンツで一気に仕事モード

Tops
¥ 1,500 [しまむら]

Bag
¥ 2,900 [しまむら]

- earrings：しまむら
- necklace：GU
- watch：しまむら

Bottoms
¥ 1,990 [GU]

Shoes
¥ 1,900 [しまむら]

Total ¥ 8,290

身体のラインを拾いやすいニットには、ウエスト回りをカバーしてくれるデザインのパンツを合わせました。すっきりと縦のラインを強調して、ボリュームを抑えてくれます。バッグとアクセサリーをゴールドで統一することで、綺麗で上品な印象に見せてくれます。

夏の暑さを忘れさせる**スカイブルー**
大ぶりのアクセサリーでヘルシーな露出感を

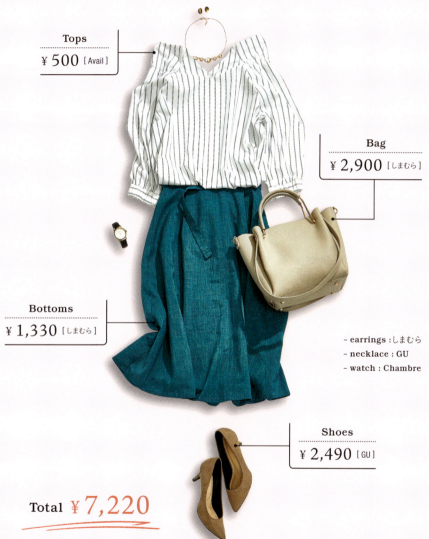

Tops
¥ 500 [Avail]

Bag
¥ 2,900 [しまむら]

Bottoms
¥ 1,330 [しまむら]

- earrings : しまむら
- necklace : GU
- watch : Chambre

Shoes
¥ 2,490 [GU]

Total ¥ 7,220

シャープさが際立つストライプ柄。顔回りに近いトップスに取り入れることで、落ち着いた大人っぽさを引き出してくれます。
線が際立つ柄には、女性らしい小物を取り入れて"キツさ"を抑えて。アイテムの中での足し引きのバランスを意識しています。

休日は子供とピクニックへ
サンダル×白デニムで爽やかに

Tops
¥ 590 [GU]

Bag
¥ 2,980 [Avail]

- earrings：しまむら
- watch：Chambre

Bottoms
¥ 900 [しまむら]

Shoes
¥ 1,500 [しまむら]

Total ¥ 5,970

トレンドに左右されない定番のチェック柄。柄物に挑戦する場合、ネイビーなど落ち着いたカラーをメインの柄に選ぶと、着回しやすくコーデにも悩みません。ホワイトデニムは夏に持っておきたいマストアイテム。汚れやすいアイテムは必ずプチプラでゲットしています。

チェック×小花柄の**変化球ワンピース**で休日にこそトレンド感を取り入れる

夏 Summer

Cardigan
¥ 1,200 [しまむら]

Bag
¥ 2,900 [しまむら]

- watch : Chamble

One-piece dress
¥ 1,900 [しまむら]

Shoes
¥ 990 [GU]

Total ¥ 6,990

休日はトレンドを楽しんで。チェックと小花柄が合わさったカジュアルな柄のワンピースですが、ウエストマークしてくれるベルトがあることで、大人も着やすいシルエットになっています。薄手のニットカーディガンは出先での体温調節に欠かせません。羽織りものはホワイトなど爽やかなカラーを取り入れると夏らしさを出せます。

ホワイト×ネイビーは裏切らない定番カラー
ブルーのバッグで涼しさを演出

Tops ¥ 1,290 [UNIQLO]

Bag ¥ 1,990 [GU]

Bottoms ¥ 1,330 [しまむら]

- necklace：しまむら
- watch：Chambre

Shoes ¥ 2,490 [GU]

Total ¥ 7,100

襟付きのシャツはスカートと合わせると、かっちりした印象を和らげてくれます。鮮やかなブルーのバッグは小ぶりなサイズにすると、スカートとの相性も抜群。仕事の日には疲れにくい「マシュマロフィットパンプス」（p155参照）で実用面も押さえたいですね。

とろみ素材で女性らしさを引き立たせると
パンツスタイルもぐっとフェミニンに

Tops
¥ 1,490 [GU]

Bag
¥ 1,900 [しまむら]

- earrings : しまむら
- watch : Chambre

Bottoms
¥ 900 [しまむら]

Shoes
¥ 1,900 [しまむら]

Total ¥ 6,190

夏 *Summer*

ブルー×ホワイトの組み合わせで夏の王道スタイル。色使いに季節感を出して、爽やかなパンツスタイルを楽しんで。透け感の出るブラウスは、袖のフリルデザインが印象的。大人の甘さを引き出してくれます。

On *mode*

グリーンを着こなしてワンランク上の大人に
プリーツの揺れ感でネイビーも軽やかに

- earrings : しまむら

Tops
¥ 1,500 [しまむら]

Bag
¥ 2,900 [しまむら]

Bottoms
¥ 1,900 [しまむら]

Shoes
¥ 1,900 [しまむら]

Total ¥ 8,200

ノースリーブニットはビビッドなカラーを選ぶと、すっきりとした二の腕に見せることができます。発色の良いエメラルドグリーンのサマーニットはその点最適です。首元には細やかなフリルが施されているので、さりげない甘さも感じられます。

紺×ストライプの定番ブラウスで仕事モード
ベージュと合わせて濃淡のメリハリを

夏 *Summer*

Tops
¥ 1,500 [しまむら]

Bag
¥ 2,900 [しまむら]

- earrings：しまむら
- watch：Chambre

Bottoms
¥ 1,980 [Avail]

Shoes
¥ 1,900 [しまむら]

Total ¥ 8,280

カラーと線の太さによって印象が変わるストライプ柄。仕事の日には細めのストライプを選ぶように心掛けています。シンプルに見えがちな定番柄なので、個性的なデザインで楽しむのが◎。荷物がたくさん入る大きめバッグは仕事の場面で活躍してくれます。

Off mode

黒のノースリーブは名脇役
大柄のスカートに合わせるとコーデ上級者

Tops
¥ 1,500 [しまむら]

Bag
¥ 1,900 [しまむら]

Bottoms
¥ 1,900 [しまむら]

- necklace : GU
- watch : daiso

Shoes
¥ 1,900 [しまむら]

Total ¥ 7,200

夏にぴったりな大柄の花柄スカート。暑さにバテ気味な日でも元気にしてくれる華やかな柄は、夏のお気に入りです。
トップスはシンプルにブラックで、スカートをより引き立たせて。

白のサンダルで足元に涼しさを演出
夏のデニムパンツは**アンクル丈**がベストです

Tops
¥ 500 [Avail]

Bag
¥ 1,900 [しまむら]

- earrings：しまむら
- necklace：しまむら

Bottoms
¥ 1,900 [しまむら]

Shoes
¥ 2,490 [GU]

Total ¥ 6,790

夏 Summer

休日にぴったりな袖コンシャスのブラウス。袖口のレースがコーデに存在感を持たせてくれます。カジュアルな印象の淡い色のデニムパンツには、かごバッグとサンダルでとことん夏アイテムを盛り込んで。涼しげなアイテムで真夏も爽やかに過ごしましょう。

大人のギンガムは配色が決め手！
ホワイト×ネイビーならOK！

夏 *Summer*

Bag
¥ 2,900 [しまむら]

Tops
¥ 990 [GU]

- earrings：しまむら
- watch：Chambre

Bottoms
¥ 1,900 [しまむら]

Shoes
¥ 900 [しまむら]

Total ¥ 6,690

ふわりと揺れるシフォンスカートは、プリーツで上品な印象に。ひざ下丈のスカートで脚の露出感を抑えてほど良い肌見せを。大人の女性の夏の露出は、ふくらはぎや二の腕でヘルシーな肌見せを意識すると◎。

チェック柄のパンツは曲者アイテム
シンプルにまとめるのが実はおしゃれ

Tops
¥ 1,500 [しまむら]

Bag
¥ 2,900 [しまむら]

- earrings：しまむら
- necklace：GU
- watch：Chambre

Bottoms
¥ 990 [GU]

Shoes
¥ 1,900 [しまむら]

Total ¥ 7,290

夏 Summer

一見コーデが難しく感じる柄物のワイドパンツですが、着こなし方でぐっとおしゃれ感を増すことができます。柄物に対してほかのアイテムは無地を選ぶのがポイント。ブラックのサマーニットは暑く見えてしまうカラーですが、淡いカラーのパンツに合わせることで、軽やかな印象に仕上げました。

コーデに悩む日は**3色コーデ**が鉄板
小物に鮮やかな差し色が印象◎

Tops
¥ 990 [GU]

Bag
¥ 1,900 [しまむら]

- earrings：しまむら
- necklace：GU
- watch：daiso

Bottoms
¥ 1,900 [しまむら]

Shoes
¥ 1,900 [しまむら]

Total ¥ 6,690

フレアスカートはハリのある素材を選ぶと、シルエットが綺麗に見えます。
品良く見えるネイビーのスカートには、ビビッドなレッドのショルダーを足してこなれ感を。
おしゃれ度が増すレディなアイテムです。

柄物のトップスには**ビビッドなスカート**を
サンダル×かごバッグでカジュアルダウン

Tops
¥ 1,500 [しまむら]

Bag
¥ 1,900 [しまむら]

- earrings：しまむら
- watch：Chambre

Bottoms
¥ 1,330 [しまむら]

Shoes
¥ 1,900 [しまむら]

Total ¥ 6,630

タイトなトップスにフレアスカートを合わせると、"フィット＆フレア"のシルエットになり、女性らしい夏コーデが完成します。鮮やかなエメラルドグリーンと、麻のような素材感で着心地も爽やか。夏ならではの素材を楽しんで。

海に行くならコーデはシンプルに
浜辺には白ブラウス×ジーンズが映える

Tops ¥ 1,900 [しまむら]

Bag ¥ 2,980 [Avail]

- earrings：しまむら
- necklace：GU
- watch：Chambre

Bottoms ¥ 2,490 [GU]

Shoes ¥ 1,900 [しまむら]

Total ¥ 9,270

デニムに合わせたいゆるっとブラウス。刺繍が施されたインパクトのあるスモック袖です。気取らずに持てるかごバッグは、ちょっと遠くのお出掛けにもぴったり。子供を連れてのお出掛けには、手抜き感が出ないようにアクセサリーを足して華やかさをプラスします。

おしゃれは足元から、華やかなパールを添えて
綿素材でリラックススタイル

Tops
¥ 590 [GU]

Bag
¥ 2,980 [Avail]

Bottoms
¥ 1,900 [しまむら]

- earrings：しまむら
- watch：Chambre

Shoes
¥ 1,900 [しまむら]

Total ¥ 7,370

夏 Summer

チノスカートはアースカラーを選んでとことんカジュアルに。パールがたっぷり施されたフラットサンダルを履いて女っぷりを上げて。ワンマイルウェア感の出るフラットサンダルは、綺麗めデザインを選ぶことで"ご近所感"が軽減します。

On mode

シンプルコーデは小物で夏感をプラス
トレンドの**バケツバッグ**が活きる

夏 *Summer*

Tops
¥ 1,490 [GU]

Bag
¥ 990 [GU]

- necklace：しまむら
- watch：Chambre

Bottoms
¥ 1,980 [Avail]

Shoes
¥ 900 [しまむら]

Total ¥ 5,360

クリーンな印象のブルーのブラウスに、柔らかみのあるペールカラーを合わせて上品に。襟のないスキッパーデザインで首元をすっきりと見せて。ペーパー素材のバケツバッグで夏らしさを楽しみましょう。

紺×グレーはシンプルに徹して
足元のピンクで女性らしさを意識

Tops
¥ 1,500 [しまむら]

Bag
¥ 2,900 [しまむら]

- earrings：しまむら
- necklace：しまむら

Bottoms
¥ 1,900 [しまむら]

Shoes
¥ 2,490 [GU]

Total ¥ 8,790

夏 Summer

鮮やかなカラーのパンプスは、テンプレ化してしまいがちな通勤コーデにときめきを足してくれます。軽い着心地の麻調のワイドパンツで、残暑を乗りきって。

"デキる女"はさりげなくトレンドを取り込む
パイソン柄のパンプスがシンプルコーデに映える

Bag
¥ 2,900 [しまむら]

Tops
¥ 990 [GU]

- necklace：しまむら
- watch：Chambre

Bottoms
¥ 1,900 [しまむら]

Shoes
¥ 1,900 [しまむら]

Total ¥ 7,690

シンプルなコーデには、ひとクセのあるアイテムを1点取り入れて。パイソン柄のパンプスで一気に辛口コーデに変身。ポインテッドトゥは足元を華奢に見せてくれて、脚長効果も期待できます。バッグはクセのないデザインを。

女友達との外出に上品なモノトーンコーデを
赤バッグのワンポイントが印象的！

夏 *Summer*

Tops
¥ 1,500 [しまむら]

Bag
¥ 1,900 [しまむら]

Bottoms
¥ 990 [GU]

- earrings：しまむら
- necklace：GU
- watch：daiso

Shoes
¥ 1,900 [しまむら]

Total ¥ 6,290

女友達と久しぶりの再会でビアガーデンへ。可愛くなりがちなギンガムチェックも、モノトーンでまとめれば大人の着こなしに。小物でレディに仕上げるのがおすすめです。少し抜け感を出したい時には、スポーティなサンダルを選んでもいいですね。

ひとクセあるデザインも
アースカラーで大人感を演出

Tops ¥ 1,900 [しまむら]

Bag ¥ 2,980 [Avail]

- earrings：しまむら
- watch：daiso

Bottoms ¥ 900 [しまむら]

Shoes ¥ 1,900 [しまむら]

Total ¥ 7,680

個性派チュニックはイレギュラーヘムの裾が印象的。気になる腰回りのボリュームもカバーしてくれます。襟付きのシャツはかっちりとして見えがちなので、露出度は抑えつつもボタンは1〜2個開くのがおすすめです。

夫とのデートを王道で攻める
"大人可愛い"を演出する**チェックワンピ**

- earrings：しまむら

One-piece dress
¥ 2,480 [GU]

Bag
¥ 1,900 [しまむら]

Shoes
¥ 900 [しまむら]

Total ¥ 5,290

夫とのデートには必ず褒められるワンピースを。いくつになってもギンガムチェックは不動の人気です。幼く見えないブラック×ホワイトの配色に、ミモレ丈で大人っぽく着こなして。ウエストリボンが魅力的。

Column 2
大人の女性にこそおすすめの しまむらブランド

　しまむらブランドの魅力は、なんといっても幅広いテイストの洋服がプチプラで買えること。
　意外と知られていないのですが、実はしまむらには、トレンド感たっぷりのブランド、スポーツテイストに特化したブランドなど、さまざまなブランドが存在しているんです。
　オンもオフも忙しい大人の女性にとって、仕事、母親、遊び……とシーンに応じた洋服がすべて揃えられる点もしまむらの大きな魅力だと感じています。
　お気に入りのブランドを把握しておけば、好みのアイテムを見つけやすくなったり、「このブランドのパンツのMサイズはぴったりだから試着しなくてもいいな」ということがわかってきたりと、しまむらでの買い物がますます便利に、楽しくなるというメリットも！
　店内にはブランドごとにポップ（目印になる旗）が立っているので、「このコーナーに行けば好みのアイテムに必ず出会える」という買い物の際の目安にもなりますよ。

「HK WORKS LONDON」のアイテム。レオパード柄のチュールスカート、バンブーハンドルのバッグ、パイソン柄のパンプスなど、シンプルだけどトレンドを適度に取り入れたデザインが揃う。フォーマルな雰囲気があるので職場に着ていきやすいものが多い。

① HK WORKS LONDON（エイチケーワークスロンドン）

　しまむらブランドの中で私がいちばん好きなのが、世界的に有名なファッションブランド「ヒロココシノ」とのコラボブランドです。

　なんといっても素材の良さが抜群なのがお気に入りポイント。「お値段以上」に見える洋服ばかりなので、大人の女性がぜひ押さえておきたいしまむらブランドとして、私が自信をもっておすすめします。

　シンプルだけどほどよくトレンドを取り入れているので、"きちんと感"と"おしゃれ感"を両立させたい大人にぴったりです。

② CLOSSHI（クロッシー）

　デイリーに着回せるカジュアルな洋服やスニーカー、締め付け感の少ない下着など、オーソドックスなアイテムが充実している「CLOSSHI」は、私の休日ファッションに欠かせないしまむらのオリジナルブランドです。

　デザインがベーシックなので、カジュアル感がありつつも大人っぽく着こなせるうえ、「トレンドの洋服にシンプルなアイテムをプラスしたい」と

Column 2

「CLOSSHI」のアイテム。ボーダーTシャツや白スニーカー、黒のサンダルなど、ベーシックでカジュアルなデザインが揃う。しまむらのプライベートブランドなので、お値段が手ごろなのもうれしいところ。

いう時にも役立ちます。しまむらのオリジナルブランドなので、価格がややお安めなのも好きな理由のひとつです。

③ Avail（アベイル）

オリジナルブランドではないのですが、最近お気に入りでぜひご紹介したいのが、「Avail」です。

「Avail」は、しまむらのグループ店のひとつで、最新トレンドが詰まったアイテムが豊富。近年流行中の「CONVERSE」や「adidas」など、スポーツブランドとのコラボアイテムも多く、まさに「旬のコーデを揃えるならここ！」と言えるくらい、アツいお店です！

ワンシーズンしか着られないことも多いトレンドアイテムも、プチプラなら罪悪感なく挑戦することができるのでおすすめです。

オリジナルブランド以外にも、雑誌やファッションブランドとのコラボも豊富なしまむら。だからいつ行っても飽きることがありません。

特にファッションブランドとのコラボは、そのブランドが好きな人も嬉

しまむらとAvail（アベイル）が展開するスポーツブランドコラボ商品。左上から、「EDWIN」コラボ（しまむら）、「Champion」コラボ（しまむら）、「CONVERSE」コラボ（Avail）。

左から、雑誌「ViVi」とのコラボブランド「2PINK」のトレンチコート、スカート、ファッションブランド「a.v.v」コラボのバッグ、「Harris Tweed」コラボのパンプス。

　しいし、買ったことがない人にとっては、しまむらコラボを通してブランドを知ったり、好きになるきっかけにもなりますよね。実際に私も、しまむらとのコラボで初めて知ったブランドがたくさんあります。しまむらに通うことは、「おしゃれの勉強」のためと言っても過言ではないくらい(笑)。

　前述したように、大人のファッションに"きちんと感"は不可欠ですが、ただ型にハマるのではなく、ほどよくトレンドを取り入れたり、年齢や体型を気にせずに、たまには思いっきりおしゃれを楽しみたい！というのが本音ですよね。

　しまむらは、そんなちょっぴり難しい大人の女性の気持ちをまるごと叶えてくれるお店だと、私は実感しています。

　豊富なアイテムがプチプラで揃うしまむらをフル活用して、大人のファッションを思いっきり楽しみましょう！

Autumn

木の葉がそよぐ風の気配が
秋の到来を知らせてくれる
トレンチコートを羽織り街へ

On *mode*

秋の定番色を個性的に仕上げる
スカーフベルトを効果的に取り入れて

Tops
¥ 650 [しまむら]

Bag
¥ 1,900 [しまむら]

- earrings：しまむら
- necklace：しまむら

Bottoms
¥ 1,900 [しまむら]

Shoes
¥ 1,900 [しまむら]

Total ¥ 6,350

秋 *Autumn*

トレンドは小物に取り入れるのが大人のおしゃれ。スカーフベルトをさりげなく活かして。ワイドパンツは秋におすすめのピーチスキン素材です。柔らかな肌触りの良い素材で、動く度に表情が変わる独特な質感。スキッパーブラウスで抜け感も楽しんで。

On *mode*

くすみカラーは秋らしさを意識
ビビッドカラーのバッグがワンポイント

Tops
¥ 1,900 [しまむら]

Bag
¥ 1,900 [しまむら]

Bottoms
¥ 1,900 [しまむら]

- earrings：しまむら
- necklace：しまむら
- watch：Chambre

Shoes
¥ 1,900 [しまむら]

Total ¥ 7,600

秋 *Autumn*

トップスもボトムスもくすみカラー同士の組み合わせですが、飾り気のあるデザインで華やかさをプラスし、地味に見えないようにしています。
バッグはビビッドカラーかつ光沢のあるアイテムを。ゴールドチェーンの存在感が光ります。

マスタードイエローは定番の秋映えコーデ
色から季節の変わり目を演出して

Tops
¥ 1,900 [しまむら]

Bag
¥ 2,900 [しまむら]

Bottoms
¥ 1,900 [しまむら]

- necklace：しまむら
- watch：しまむら

Shoes
¥ 1,900 [しまむら]

Total ¥ 8,600

秋といえばマスタードイエローを着たくなります。秋らしい彩りで発色が良く、肌に馴染みやすいので、大人の女性におすすめのカラーです。シンプルなコーデには柄物バッグを投入して。のっぺり感が薄れ、コーデのシンプルさが引き立ちます。

On *mode*

グレンチェック柄のパンツでハンサムに
ヒールを合わせて女性らしい印象をプラス

Tops
¥ 1,900 [しまむら]

Bottoms
¥ 1,900 [しまむら]

Bag
¥ 2,980 [Avail]

- earrings：しまむら
- necklace：しまむら
- watch：しまむら

Shoes
¥ 1,280 [Avail]

Total ¥ 8,060

秋 *Autumn*

ワイドパンツはトップスをインしてスタイルアップ。ウエストリボンでフェミニンさも感じさせます。オフホワイトのニットを合わせて顔回りを明るく。パンプスにはスタッズのアクセントを添えて、足元まで華やかに。

ゆるっとしたカーディガンには スキニーデニムを合わせてメリハリを

秋 *Autumn*

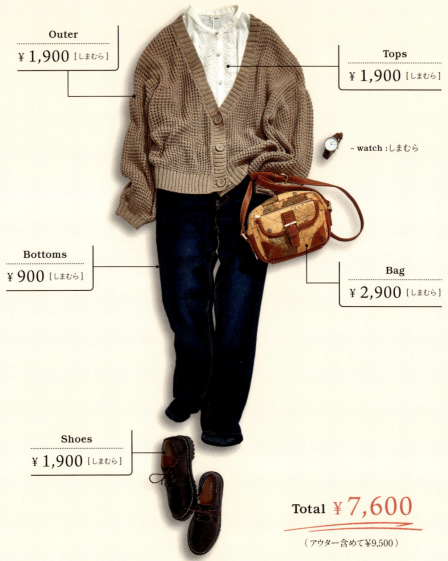

Outer ¥ 1,900 [しまむら]

Tops ¥ 1,900 [しまむら]

- watch : しまむら

Bottoms ¥ 900 [しまむら]

Bag ¥ 2,900 [しまむら]

Shoes ¥ 1,900 [しまむら]

Total ¥ 7,600
（アウター含めて¥9,500）

コーデに悩んだ日にはベージュがおすすめです。ベーシックカラーのアイテムを取り入れることで、コーデの迷子になりません。オールシーズンはけるデニムパンツは、濃いめの色を選ぶことで秋のカジュアルにもしっくりきます。

レースアップシューズでガーリーコーデ
ギンガムチェックは色味を抑えれば幼く見えません

- earrings：しまむら

Outer
¥ 2,900 [しまむら]

One-piece dress
¥ 1,900 [しまむら]

Bag
¥ 2,900 [しまむら]

秋 *Autumn*

Shoes
¥ 1,900 [しまむら]

Total ¥ 6,700
（アウター含めて¥9,600）

ギンガムチェックは秋らしい配色で季節感を楽しんで。ブルー×ベージュの個性的なカラーは普段のコーデに落とし込みやすい自然な配色。足元はレースアップシューズでカジュアルガーリーに仕上げました。

ネイビーのトレンチで知的な印象に
さりげない甘さを引き出す花柄ブラウス

Outer
¥ 3,900 [しまむら]

Tops
¥ 1,900 [しまむら]

Bag
¥ 1,900 [しまむら]

Bottoms
¥ 1,980 [Avail]

- earrings：しまむら
- watch：Chambre

Shoes
¥ 2,900 [しまむら]

Total ¥ 8,680

（アウター含めて¥12,580）

秋 Autumn

季節の変わり目には、まずは小物から季節感を先取りして。ツイード生地のパンプスを履くことで、たちまち秋らしい足元に変身。ラウンドトゥで丸みのあるデザインは、女性らしい柔らかな印象に見せてくれます。

バッグやシューズから**季節感**を取り入れて
ファーは間違いなしの定番アイテム

Tops
¥ 500 [しまむら]

Bag
¥ 1,500 [しまむら]

- earrings：しまむら
- necklace：しまむら
- watch：Chambre

Bottoms
¥ 1,900 [しまむら]

Shoes
¥ 2,900 [しまむら]

秋 Autumn

Total ¥ 6,800

ファーハンドルのバッグがアクセントのネイビーコーデ。シンプルだからこそファーの映えるバッグが主役です。Harris Tweedコラボのパンプスで、足元から季節感を取り入れて。寂しげに見えがちな無地のトップスには、パールネックレスを合わせて胸元を華やかに。

キャメルカラーでコーデを華やかに
ブラックでメリハリのある色使いを

Tops
¥ 1,900 [しまむら]

Bag
¥ 2,900 [しまむら]

Bottoms
¥ 1,900 [しまむら]

- earrings：しまむら
- necklace：しまむら
- watch：daiso

Shoes
¥ 2,490 [GU]

Total ¥ 9,190

アニマル柄で遊び心を取り入れました。キャメルのスカートで秋らしい印象に。ボトムスのカラーで季節感もガラリと変えることができます。足元はポインテッドトゥで大人っぽさを際立たせて。

コンパクトなサイズ感のバッグが
コーデを上品に見せてくれる

- earrings：しまむら

Tops
¥ 1,900 [しまむら]

Bag
¥ 2,980 [Avail]

Bottoms
¥ 1,900 [しまむら]

秋 *Autumn*

Shoes
¥ 1,280 [Avail]

Total ¥ 8,060

トップスのざっくりセーターはゴールドのボタンが特徴。こだわりのディテールは"高見え"ポイント。
ハイネックは首元が詰まりすぎず、ほどよいゆとりで小顔見えも叶います。
秋らしいチェック柄のボトムスでトレンドを楽しみましょう。

パンプスを合わせることでデニムをフェミニンに仕上げて

Outer ¥ 2,900 [しまむら]

Tops ¥ 1,500 [しまむら]

Bag ¥ 2,900 [しまむら]

Bottoms ¥ 2,480 [Avail]

- earrings：しまむら
- watch：しまむら

Shoes ¥ 2,490 [しまむら]

Total ¥ 9,370
（アウター含めて¥12,270）

秋 *Autumn*

鮮やかなモスグリーンのニットで秋支度。アウターのピーチスキン素材のライダースは、あまり周りと被らず同性からも高評価です。ハードに見える革素材よりも柔らかな印象に見えるので、メンズライクが苦手な方にもおすすめの素材です。

個性派スニーカーで印象を変えて
足元も抜け目なく、ママ友ウケも抜群

Tops
¥ 900 [しまむら]

Bag
¥ 2,000 [しまむら]

- watch : daiso

Bottoms
¥ 900 [しまむら]

Shoes
¥ 1,900 [しまむら]

Total ¥ 5,700

秋 *Autumn*

定番のパーカースタイルは、着丈が短めのデザインを選ぶと、すっきりとコンパクトに見えます。メタリック素材のスニーカーで足元を華やかに。大きめリュックでカジュアルなコーデを楽しんで。

深みあるカラーで秋っぽさを演出
ゴールドアイテムが"高見え"ポイント

Tops
¥ 1,500 [しまむら]

Bag
¥ 2,900 [しまむら]

Bottoms
¥ 1,980 [Avail]

- earrings：しまむら
- necklace：しまむら
- watch：Chambre

Shoes
¥ 2,490 [GU]

Total ¥ 8,870

タイトニットはリブ素材を選んで縦のラインを強調して。また、秋コーデによく取り入れるグリーン・ブラウン・マスタードイエローは、淡いカラーよりも着痩せして見えます。ハイウエストのパンツを合わせれば、腰回りもすっきり。

トレンドレスな **トレンチコート** は
丈感やデザインで周りと少し差をつけて

Outer
¥ 3,900 ［しまむら］

Tops
¥ 1,900 ［しまむら］

Bag
¥ 1,900 ［しまむら］

- earrings：しまむら
- watch：Chambre

Bottoms
¥ 1,900 ［しまむら］

Shoes
¥ 1,900 ［しまむら］

秋 *Autumn*

Total ¥ 7,600

（アウター含めて¥11,500）

細やかなプリーツは上品な印象に仕上がります。白ブラウスで正統派コーデを狙いました。可愛らしさを意識しつつも、足元は大人っぽさを忘れないパイソン柄でバランスを。可愛くしすぎないのは大人の女性の鉄則です。

お仕事の日にも **ワンポイントでトレンド**をオン
マンネリな通勤コーデも楽しくなります

秋 *Autumn*

Tops
¥ 1,980 [Avail]

Bag
¥ 2,900 [しまむら]

- earrings：しまむら
- necklace：しまむら

Bottoms
¥ 1,900 [しまむら]

Shoes
¥ 900 [しまむら]

Total ¥ 7,680

プチプラに見えないアイテム選びのコツは、デザインにあります。スカートのサイドポケット、フロントボタンがキラリと光る洗練デザイン。でも、過度な装飾はかえってチープ感が際立つので、あくまでワンポイントを意識しましょう。

パンプスは差し色として取り入れやすい秋色を1足持っておくと便利

Tops ¥ 1,900 [しまむら]

Bag ¥ 2,900 [しまむら]

Bottoms ¥ 1,900 [しまむら]

- earrings : しまむら
- necklace : しまむら
- watch : daiso

Shoes ¥ 2,490 [GU]

Total ¥ 9,190

秋 *Autumn*

ブラックのニットにはパールのネックレスを合わせて甘辛コーデに。ハートネックのデザインが大人可愛いお気に入りのニットです。足元はマスタードイエローのパンプスで秋色を取り入れて。

オフを感じられるカジュアルコーデ
家族で**リンクコーデ**もしやすいパーカーが主役

Bag
¥ 1,000 [しまむら]

Tops
¥ 900 [しまむら]

Bottoms
¥ 2,480 [Avail]

- watch : Chamble

Shoes
¥ 1,200 [しまむら]

Total ¥ 5,580

秋 *Autumn*

休日はリラックススタイルで家族とお出掛け。スポーティに見せてくれるパーカーは、家族でリンクコーデもしやすい定番アイテム。トレンドレスに着られるアイテムで、オールシーズン着回せるのが嬉しいですね。

コーデュロイを取り入れるだけで
季節感が高まりぐっとおしゃれに

Outer
¥ 2,900 [しまむら]

Tops
¥ 980 [しまむら]

Bag
¥ 2,900 [しまむら]

Bottoms
¥ 1,900 [しまむら]

- necklace : しまむら

Shoes
¥ 2,490 [GU]

Total ¥ 8,270
（アウター含めて¥11,170）

秋 *Autumn*

コーデュロイ素材を取り入れるとぐっと秋冬感が高まります。ロング丈で足元の防寒も。ストンとした落ち感のスカートは、カジュアルコーデで悩みがちな野暮ったさを軽減してくれます。秋色を存分に使いましょう。

暖かみのあるネイビーのニットで女性らしくまとめて

Bag
¥ 2,980 [Avail]

Tops
¥ 900 [しまむら]

Bottoms
¥ 390 [GU]

- earrings : しまむら
- watch : Chambre

Shoes
¥ 2,900 [しまむら]

Total ¥ 7,170

ボリューム感のある厚手のニットは、それだけでカジュアルに仕上がります。レディなスカートもこなれ感が出て、大人可愛い印象に。
ミモレ丈のスカートと相性の良いショート丈のブーツを合わせてトレンドも楽しんで。

大きめの花柄は都会的な大人女子を演出
落ち着いた**ワインレッド**と**黒**で引き締めて

Tops
¥ 1,500 [しまむら]

Bottoms
¥ 1,900 [しまむら]

Bag
¥ 990 [GU]

- earrings：しまむら
- necklace：しまむら
- watch：daiso

Shoes
¥ 2,490 [GU]

Total ¥ 6,880

秋 *Autumn*

ワインレッドのトップスでシックな印象に。全体的に落ち着いた配色でまとめることで、可愛くなりがちな花柄アイテムが女っぽさを引き立たせてくれます。
手首が出る七分袖を着ることで、女性らしいヘルシーな露出感を出しましょう。

とろみ感のあるブラウスで
レオパード柄を優しく見せて

Tops
¥ 1,900 [しまむら]

Bag
¥ 2,900 [しまむら]

Bottoms
¥ 1,900 [しまむら]

- earrings : しまむら
- watch : daiso

Shoes
¥ 1,900 [しまむら]

Total ¥ 8,600

カジュアルなレオパード柄は、ブルー系に落とし込むと洗練された綺麗めコーデに仕上げることができます。フレアスカートでエレガントさも意識しました。

大人の色味でまとめたコーデに
秋色ショルダーをぴりっと効かせて

Tops
¥ 1900 [しまむら]

Bag
¥ 1900 [しまむら]

Bottoms
¥ 1900 [しまむら]

- earrings：しまむら
- necklace：しまむら
- watch：Chambre

Shoes
¥ 1900 [しまむら]

Total ¥ 7,600

秋 Autumn

差し色にしやすい鮮やかなイエローのショルダーバッグは、華やかさを約束してくれるマストアイテムです。合皮素材なのでオールシーズン持てるのが嬉しいポイント。

カジュアルコーデは**オーバーサイズ**をチョイス
ボトムスを白でまとめて爽やかに

Outer
¥ 2,900 [しまむら]

Tops
¥ 900 [しまむら]

Bag
¥ 2,000 [しまむら]

- watch : daiso

Bottoms
¥ 1,500 [しまむら]

Shoes
¥ 1,200 [しまむら]

Total ¥ 5,600
（アウター含めて¥8,500）

ママ友とお出掛けする日は、良い意味での"ママらしさ"も意識しています。特に外遊びやピクニックなど、アウトドアな予定には動きやすさが最重要事項。カジュアルとスポーティをMIXさせて。

抜け感が出るスキッパー襟の**ワンピース**に
スニーカー×リュックでカジュアルにまとめて

Outer
¥ 2,900 [しまむら]

Bag
¥ 1,000 [しまむら]

One-piece dress
¥ 1,900 [しまむら]

- watch : Chambre

Shoes
¥ 1,200 [しまむら]

秋 *Autumn*

Total ¥ 4,100
（アウター含めて¥7,000）

多色使いのチェック柄は、意外とコーデを組みやすいものです。柄の中に使われているカラーを拾って、その他のアイテムを合わせれば統一感が出ますよ。このコーデはネイビーとグレーを拾って馴染ませています。

細リブ素材で華奢見せ
アクセサリーで華やかさをプラス

Tops
¥ 1,500 [しまむら]

Bag
¥ 1,900 [しまむら]

Bottoms
¥ 1,900 [しまむら]

- earrings：しまむら
- necklace：GU

Shoes
¥ 1,900 [しまむら]

Total ¥ 7,200

秋

秋らしいカラーをたっぷり取り入れて。女っぽさを際立たせるゴールドのアクセサリーはベージュスカートとの相性も良く、品のあるコーデに仕上がります。こなれ感が出るトレンチデザインのスカートは、秋だけでなく春にも活躍するおすすめアイテムです。

秋冬にぴったりな**グレンチェック** スエード調の**ライダースジャケット**で女っぽく

Tops
¥ 1,900 [しまむら]

Outer
¥ 2,900 [しまむら]

Bag
¥ 1,900 [しまむら]

Bottoms
¥ 1,900 [しまむら]

- earrings : しまむら
- necklace : しまむら
- watch : daiso

[Another]
- earrings : しまむら
- necklace : GU
- watch : Chambre

Shoes
¥ 2,100 [しまむら]

Total ¥ 7,800
（アウター含めて¥10,700）

- Another -

秋 Autumn

ブラックのニットを合わせる時は、小物はとことん女性らしいものを取り入れます。パールネックレスがハードさを軽減してくれます。ショートブーツはキラリと光るゴールドがアクセント。都会的な印象に見せてくれます。

On *mode*

パンツスタイルには女性らしい色を
ピンク・赤を黒で引き締める大人のバランス

秋 *Autumn*

Tops
¥ 1,900 [しまむら]

Bag
¥ 1,900 [しまむら]

Bottoms
¥ 1,900 [しまむら]

- earrings：しまむら
- necklace：しまむら
- watch：Chambre

Shoes
¥ 1,900 [しまむら]

Total ¥ 7,600

ワイドパンツはハイウエストのシルエットを選ぶと間違いがありません。コンパクトなトップスと合わせて女性らしいバランスを引き出しましょう。ブラック×ピンクの組み合わせは、女性らしさを出せる鉄板コンビです。

フィット&フレアを意識すれば
スタイルアップが叶う

Tops
¥ 1,500 [しまむら]

Bag
¥ 1,900 [しまむら]

Bottoms
¥ 1,900 [しまむら]

- earrings：しまむら
- watch：Chambre

Shoes
¥ 2,100 [しまむら]

Total ¥ 7,400

秋 *Autumn*

Vネックはデコルテを綺麗に見せてくれるおすすめデザインです。ボタンのアクセントがあるので、ネックレスを付けなくても胸元を華やかに見せてくれます。
ボトムスの丈感を問わず何にでも合うショートブーツは、1足持っていると便利です。

ボリューム感のあるカーデには タイトなボトムスを合わせて

Tops
¥ 1,900 [しまむら]

Outer
¥ 1,900 [しまむら]

Bag
¥ 2,900 [しまむら]

- watch : Chambre

Bottoms
¥ 2,480 [しまむら]

秋 *Autumn*

Shoes
¥ 1,200 [しまむら]

Total ¥ 8,480
（アウター含めて¥10,380）

濃い色のデニムスカートは、コーデにメリハリを与えてくれます。ブラウスとスニーカーにホワイトを取り入れて、秋らしい爽やかさを出して。白スニーカーはどんなコーデにも合うひっぱりだこアイテムです。

1枚持っていると便利なフードパーカー ドレッシーな**レオパード柄**もカジュアルに

Tops
¥ 900 [しまむら]

Bag
¥ 2,900 [しまむら]

- watch：しまむら

Bottoms
¥ 1,900 [しまむら]

秋 *Autumn*

Shoes
¥ 1,200 [しまむら]

Total ¥ 6,900

甘めのチュールスカートは、パーカーでカジュアルダウン。スニーカーを合わせてスポーツMIXな印象に。ふんわりと広がるチュールスカートは、深みのあるブラウンカラーでほどよい重厚感があり、そのギャップを楽しめます。

Column 3
しまパトの極意

　しまむらの魅力といえば、なんといっても安くて豊富な品揃えと、毎週のように発売される新商品！　と私は思っているのですが、選択肢が広がる一方で、「"高見え"しつつ自分に似合う洋服＝コスパの良い洋服」を探すのが大変だという声も耳にします。

　そんなみなさんのために、ここでは毎週のしまむら通いで私が得た、「しまむらで賢く買い物するコツ」を伝授します！　毎週水曜にしまむらの新作をチェックする、いわゆる"しまパト"がさらに楽しくなる方法を教えちゃいます。

　しまむらはもちろん、GUやユニクロなど、他のプチプラショップでも役立つ情報があるので、ぜひ参考になさってくださいね。

プチプラハンターの1週間

月曜日　GUのWEBチラシ公開＆新作発売日

　朝の通勤時間を利用して、GUアプリからチラシをチェックします。し

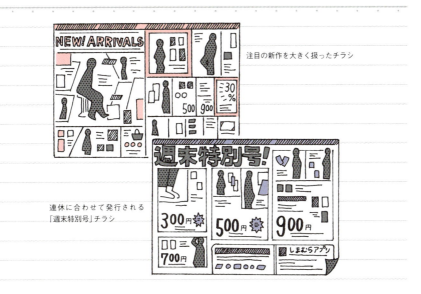

注目の新作を大きく扱ったチラシ

連休に合わせて発行される
「週末特別号」チラシ

　まむらと違って、GUはアイテムの在庫が豊富なので、急いで買いに行く必要はありません。チラシは情報収拾のためにチェックしておきます。ちなみに、GUアプリは会員しか買えないアイテムがあったり、ポイントを貯められたりとお得度が高いのでおすすめです。

火曜日　21時頃にしまむらのチラシ公開

　しまむらは新作発売日の前夜にチラシが公開されます。そのため、夜にゆっくりチラシをチェックすることができるんです。朝は忙しいのでとても助かっています。
　基本的に毎週火曜夜だけなのですが、連休などの祝日に合わせて「特別号」という形でチラシが出ることが多いです。

水曜日　しまむら新作アイテム発売日

　前日にチェックしたチラシに基づいて"しまパト"に出掛けます。基本は毎週しまむらをチェックしに行っていますが、マストで出掛けるのは売り切れそうなものがある時や、絶対に欲しいものがある時。

Column 3

　1,000円以下のセール品や、限定価格（週末だけだったり、期間限定のセール価格）＆特別価格のアイテムがチラシに掲載されているとすぐに売り切れてしまうので、そういう時は開店と同時に行くこともあります。

金曜日　ユニクロのチラシ公開＆新作アイテム発売日

　GU同様、1アイテムごとの在庫が豊富なユニクロも急いで行く必要はありません。情報収拾程度にチラシをチェックします。

土曜日　Avail（アベイル）（しまむら姉妹店）チラシ公開＆新作アイテム発売日

　Availのチラシを見て、しまむらで似たようなものがあるか比較します。これは、Availよりもしまむらのほうが少し安い傾向があるからです。例えば、似たようなデザインのパンツでも、Availが2,480円ならしまむらでは1,900円で売っていることも。

　でもそのぶん、Availにはしまむらにはないデザインがあったり、トレンドを反映していたりと違った魅力があるので、値段と品質をしっかり比較します。

日曜日　買い物予備日

　日曜日は、1週間のパトロールの帳尻を合わせる予備日。土曜日までに買いそびれたものを買いに行ったり、家族で出掛けた先にあるしまむらについでに寄ったりします。

　しまむらは店舗によって品揃えに違いがあるので、飽きることがありません。店によって客層も違ってくるので、「普段よく行くしまむらでは売り切れだったあのアイテムが、この店にはあった！」という嬉しい出会いがあることも。たまには"狩場"を変えてみるのも新鮮で面白いですよ！

スマフォアプリならWEBチラシを
確認しながら買い物ができます

プチプラショッピングは入念なチラシチェックから

　1週間のスケジュールからもわかる通り、私が大事にしているのが「チラシのチェック」です。チラシには、店が今推したいアイテムやセール情報など、効率的に買い物をするために必要な情報が詰め込まれているので、上手に買い物をするうえで欠かせないツールです。

　もうひとつ、私がチラシチェックを重視する理由が、「いち早くトレンドを知ることができる」という点。プチプラファッションはその時期にマストで取り入れたいトレンドが反映されていることが多いので、「ファッションの勉強になる」という側面もあるんです！

　チラシチェックは、アプリやHPから行うのがおすすめ。時間と場所を問わずチェックできる、お気に入りアイテムをスクショできるなど、便利なのはもちろん、WEB限定チラシには紙のチラシでは得られない限定情報が含まれていることがあるので見逃せません。

Column 3

> しまむらにおける効率の良い店内の回り方

では、実際にどんなふうに店内を回ってコスパの良いアイテムをゲットしているのか？ 私がしまむらで買い物をする時を例にご紹介しますね。

① トレンドコーナー

まず私が真っ先に見るのが、入ってすぐのトレンド服のコーナー。チラシに掲載されているトレンドアイテムや、新作の多くはここに置かれているので、しまむらのメインコーナーと言っても過言ではありません。

② 小物コーナー

次にチェックするのが、小物のコーナーです。新作コーナーで見つけた洋服に合うバッグや靴をチェックするために小物コーナーに移動するというスタイルです。

特に小物コーナーの★で示したあたりは、靴の新作が入るので必ずチェックします。

③ 広告の品・値下げ品を見つつ一周

その後は、スマフォでWEBチラシを見ながら店内を一周して、入り口付近にある会計に戻ってきます。

この時、目印になるのが「広告の品」や「値下げ品」などのポップです。ポップがあるだけで、初めて行く店舗や慣れない店舗に行った時でもスムーズに買い物をすることができるんです。

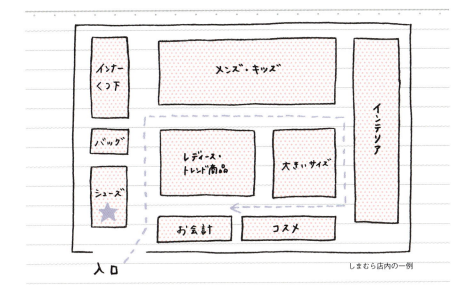

しまむら店内の一例

　ここまで、私のしまむらの店内の見方をご紹介しましたが、基本的には、行き慣れた店でも隅々まで見るようにしています。なぜなら、「チラシに出ていない新作もある」から！　チラシを参考にするのはマストですが、チラシがすべてではないとも思っています。

　多くの人が洋服を買う場所の選択肢からプチプラショップを外してしまう理由のひとつに、「広い店内にたくさんのアイテムが置いてあること」があると思います。「たくさんの商品の中から自分に似合って、なおかつお値段以上に見える洋服を探すのは難しいだろうな……」と、買い物のハードルがぐっと上がってしまうのです。

　でもそれは、「買い物のコツ」を知らないだけであって、コツさえわかれば、必ず上手にプチプラショップを利用できるようになります。

　仕事の顔、母の顔、女性の顔……多くの顔を使い分けなければいけない大人の女性は、それぞれのTPOに合わせたおしゃれが求められます。

　しまむらをはじめとしたプチプラショップを賢く使って、コスパの良いおしゃれを楽しみましょう！

冬
Winter

コーヒーの湯気が立ちのぼる
午後のひと時に感じる冬の訪れ
暖かみのあるニットが欠かせない

冬の定番・ボアアウターは
ロング丈を選ぶと大人っぽい

Tops
¥ 1,900 [しまむら]

Outer
¥ 3,900 [しまむら]

Bag
¥ 2,980 [Avail]

Bottoms
¥ 1,900 [しまむら]

- earrings：しまむら
- necklace：しまむら
- watch：しまむら

Shoes
¥ 1,900 [しまむら]

Total ¥ 8,680
（アウター含めて¥12,580）

寒い冬を華やかに彩るレッドのニットプルオーバー。ややタイトなシルエットなので、ボアコートを羽織って、もこもこと暖かく見せて。足元にファーを取り入れて、パンプスでも肌寒くない印象に見せるのが大事です。

ファーアクセントで
手元の"美人見え"を狙って

Outer
¥ 5,990 [GU]

Tops
¥ 1,980 [Avail]

Bag
¥ 990 [GU]

Bottoms
¥ 1,900 [しまむら]

- earrings：しまむら
- watch：daiso

Shoes
¥ 2,490 [GU]

Total ¥ 7,360
（アウター含めて¥13,350）

袖のファーが印象的なコートは、手元を綺麗に見せて女性らしさを引き立たせてくれます。少し濃いめのグレーで落ち着いた印象に仕上げ、トップスはオフホワイトで明るい顔回りに。冬らしい素材感を活かしたチェック柄のスカートは、タイトシルエットで大人っぽさを意識しましょう。

すっきりした首元に見せてくれる
ノーカラーのコートがおすすめ

Bag ¥1,900 [しまむら]

Tops ¥1,900 [しまむら]

Outer ¥3,900 [しまむら]

Bottoms ¥1,900 [しまむら]

- necklace：しまむら
- watch：Chambre

Shoes ¥2,490 [GU]

Total ¥8,190

（アウター含めて¥12,090）

個性的なチェック柄のコートは、シンプルなコーデにぴったりのアウターです。ノーカラーで首回りはすっきりと。寒い日にはストールも巻きやすいですよ。ピンクは少しくすみ感のある色合いを選ぶと、女性らしさも押さえつつ、大人っぽく、コーデに馴染ませやすいです。

シンプルコーデに映える**バンブーハンドル**で大人のこなれ感を引き出して

Tops
¥ 1,900 [しまむら]

Outer
¥ 2,200 [しまむら]

- necklace：しまむら
- watch：しまむら

Bottoms
¥ 1,900 [しまむら]

Bag
¥ 1,900 [しまむら]

Shoes
¥ 2,900 [しまむら]

Total ¥ 8,600
（アウター含めて¥10,800）

冬 Winter

見た目が重たくなりがちな冬コーデにはライトグレーのアウターを。着心地も暖かな柔らかい肌触りの素材を選びましょう。バッグは冬らしいモスグリーンに、こなれ感の出るバンブーハンドルをチョイス。ハンド・ショルダーの2wayで使えるのがしまむらバッグの魅力です。

着回し抜群なセットアップ
鮮やかストールで"美人見え"

Bag
¥ 2,900 [しまむら]

Outer
¥ 1,500 [しまむら]

Two-piece dress
¥ 1,900 [しまむら]

- earrings：しまむら
- necklace：しまむら
- watch：しまむら

Shoes
¥ 2,900 [しまむら]

Total ¥ 7,700
（アウター含めて¥9,200）

タイトなシルエットのセットアップです。チョコレートブラウンのカラーに一目惚れしました。ニット素材のタートルネック+タイトスカートのセットアップは、着回しも抜群。厚みのある大判マフラーで、暖かな印象をプラス。

ショート丈のジャケットでカジュアルに
ボリュームたっぷりのボアで暖かく見せて

Tops
¥ 980 [しまむら]

Bag
¥ 2,900 [しまむら]

Outer
¥ 3,980 [Avail]

Bottoms
¥ 2,730 [しまむら]

- earrings：しまむら
- watch：しまむら

Shoes
¥ 2,900 [しまむら]

Total ¥ 9,510
（アウター含めて¥13,490）

冬 Winter

ショート丈のボアジャケットはカジュアルコーデにぴったりです。冬のデニムにはしまむらの裏地あったかパンツを。すっきりとして見えるスキニータイプがおすすめです。足元はブーツを履いて防寒対策を。

On *mode*

細めプリーツでレディライク
オフホワイトでクリーンな印象に

Tops
¥ 1,900 [しまむら]

Outer
¥ 3,980 [Avail]

Bag
¥ 1,900 [しまむら]

Bottoms
¥ 1,900 [しまむら]

- earrings：しまむら
- watch：しまむら

Shoes
¥ 2,900 [GU]

Total ¥ 8,600

（アウター含めて¥12,580）

冬 *Winter*

通勤でも着回しているお気に入りのスカートは、合わせるアウターによって印象を変えることができます。ブラウンは優しげな印象に見せてくれるので、オフホワイトとの組み合わせも抜群。シンプルだからこそ、ボアやプリーツのデザインが活きるコーデです。

深みのあるレッドがおしゃれ
ファーたっぷりバッグがコーデの主役に

Bag
¥ 1,900 [しまむら]

Tops
¥ 1,900 [しまむら]

Outer
¥ 3,900 [しまむら]

Bottoms
¥ 1,900 [しまむら]

- earrings：しまむら
- necklace：しまむら

Shoes
¥ 1,900 [しまむら]

Total ¥ 7,600
（アウター含めて¥11,500）

冬 Winter

ネイビーのフード付きコートは、きちんとして見えるポイントを押さえつつ、カジュアルにも着こなせます。ウエスト部分の紐リボンで、キュッと絞ってシルエットを変えても可愛いですね。ファーバッグはさり気ないフリルが施されていて、コーデの主役になるデザインです。

On mode

重たく見えがちな冬コーデには
ライトグレーがぴったり

Tops
¥ 1,980 [Avail]

Outer
¥ 2,200 [しまむら]

Bag
¥ 1,900 [しまむら]

Bottoms
¥ 1,900 [しまむら]

Shoes
¥ 2,490 [GU]

- earrings：しまむら
- necklace：しまむら
- watch：daiso

Total ¥ 8,270

（アウター含めて¥10,470）

冬はセーターやコートに厚手の素材が使われているので、着膨れして重たく見えがち。素材の重たさを和らげてくれる淡いカラーで、軽やかな印象に見せましょう。ライトグレーはどんなコーデにも合わせやすい冬の鉄板カラーです。メリハリを出すためにバッグとシューズはブラックを使いました。

気心の知れた女友達とのディナーには
トレンドを取り入れた**辛口アイテム**を

Tops
¥ 1,900 [しまむら]

Bag
¥ 2,900 [しまむら]

Outer
¥ 3,900 [しまむら]

Bottoms
¥ 1,900 [しまむら]

- necklace：しまむら
- watch：Chambre

Shoes
¥ 2,900 [しまむら]

Total ¥ 9,600
（アウター含めて¥13,500）

女友達と会う時はトレンドを取り入れたいですよね。レオパード柄のスカートをぴりっときかせて。ひざ丈のボアコートは綺麗めコーデにもぴったり。抜け感が出るノーカラーデザインは着膨れを回避してくれます。足元はすっきりとしたフォルムのショートブーツを。少しヒールがあるほうが、重心を高い位置に置けるので、バランスが良く見えます。

冬に一度は着たい**ニットワンピース**
ゆるっとリラックススタイル

Outer
¥ 1,900 [しまむら]

- watch : daiso

One-piece dress
¥ 1,900 [しまむら]

Bag
¥ 1,900 [しまむら]

Shoes
¥ 2,900 [しまむら]

Total ¥ 6,700
（アウター含めて¥8,600）

冬に必ず取り入れたいニットワンピースは、夫や子供達からも可愛いと褒められるアイテム。ニットの編み目がわかりやすい淡いカラーのほうが、素材感を楽しめるのでおすすめです。ゆるっとしたシルエットで、休日を楽ちんに過ごせるカジュアルコーデ。

ボリュームのあるタートルネックで**小顔見え**
深みのあるレッドが冬を感じさせる

Outer
¥ 3,980 [Avail]

Tops
¥ 900 [しまむら]

Bag
¥ 2,900 [しまむら]

Bottoms
¥ 1,900 [しまむら]

- earrings：しまむら
- watch：しまむら

Shoes
¥ 1,330 [しまむら]

Total ¥ 7,030
（アウター含めて¥11,010）

冬 Winter

深みのあるレッドは冬のマストカラー。ボリュームのあるタートルネックなのでマフラー要らず。小顔にも見せてくれるアイテムです。足元にはコーデュロイ風のスニーカーで、冬らしさを取り入れて。チラリと見える裏ボアで細部にまでこだわりを。

スカートでクリスマスデートへ
色使いで**クリスマス**を彩る

Tops
¥ 1,500 [しまむら]

Bag
¥ 1,900 [しまむら]

Outer
¥ 3,900 [しまむら]

Bottoms
¥ 1,990 [GU]

- earrings：しまむら
- necklace：GU

Shoes
¥ 1,900 [しまむら]

Total ¥ 7,290
（アウター含めて¥11,190）

冬 *Winter*

クリスマスを連想させるグリーン×レッドの配色は、大人になっても気分が上がります。忙しい年末だからこそ、抜け目ないコーデで気持ちを引き締めて。冬らしいチェック柄のスカートは、タイトシルエットで女性らしさを意識。

フード付きのジャケットは**ひざ丈**を選ぶと大人っぽい

Tops
¥ 1,900 [しまむら]

Outer
¥ 3,900 [しまむら]

Bag
¥ 2,900 [しまむら]

Bottoms
¥ 1,900 [しまむら]

- earrings：しまむら
- necklace：しまむら

Shoes
¥ 1,900 [しまむら]

Total ¥ 8,600
（アウター含めて¥12,500）

落ち着いたネイビーのコートには、花柄スカートなど鮮やかなアイテムを合わせて、地味っぽく見えるのを避けましょう。ベージュのバッグはオールシーズン使えるおすすめのアイテムです。

チェスターコートにはパンツが似合う
デニムをはいてカジュアルダウン

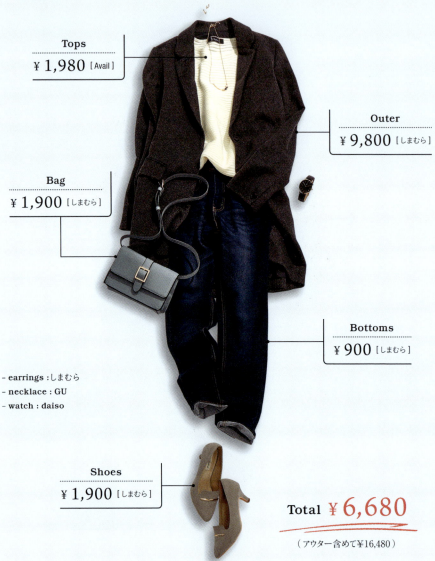

Tops
¥ 1,980 [Avail]

Outer
¥ 9,800 [しまむら]

Bag
¥ 1,900 [しまむら]

Bottoms
¥ 900 [しまむら]

- earrings：しまむら
- necklace：GU
- watch：daiso

Shoes
¥ 1,900 [しまむら]

Total ¥ 6,680
（アウター含めて¥16,480）

冬 Winter

男前に見せてくれるチェスターコート。かっちりとした襟がクールな印象になるため、パンプスを履いて女性らしさも取り入れ、バッグは小ぶりなサイズを。いつもと少し違ったコーデで、いつもと少し違った1日を過ごせそうです。

レオパード柄は淡いカラーに馴染ませて
ラメニットでより華やかな印象に

Tops ¥ 1,900 [しまむら]

Bag ¥ 2,900 [しまむら]

Outer ¥ 2,200 [しまむら]

Bottoms ¥ 1,900 [しまむら]

- earrings：しまむら
- necklace：しまむら
- watch：Chambre

Shoes ¥ 2,490 [GU]

Total ¥ 9,190
（アウター含めて¥11,390）

レオパード柄の辛口アイテムは淡いカラーで和らげましょう。
コートはファスナーよりボタンのほうがフォーマルな印象になり、カジュアルさを軽減してくれます。見た目が淡いカラーのアイテムは、暖かな素材感を取り入れてください。

Off *mode*

冬にこそ楽しめる**ミニスカート**
タイツを合わせれば大人も抵抗なくはける

Tops
¥ 1,980 [Avail]

Bag
¥ 2,900 [しまむら]

Outer
¥ 900 [しまむら]

Bottoms
¥ 1,500 [しまむら]

- earrings : しまむら
- necklace : しまむら

Shoes
¥ 1,900 [しまむら]

Total ¥ 8,280
（アウター含めて¥9,180）

タイツをはいて肌の露出をなくすることで、普段挑戦しづらいミニ丈のスカートも楽しむことができます。冬らしい毛羽立った素材のカーディガンは、見た目も着心地も暖か。ブラックでもふんわりと優しげな印象に見せてくれます。

透け感が魅力の**チュール素材**
レオパード柄を甘めに仕上げてくれる

Tops
¥ 900 [しまむら]

Bag
¥ 1,900 [しまむら]

Outer
¥ 3,980 [Avail]

Bottoms
¥ 1,900 [しまむら]

- earrings：しまむら
- necklace：しまむら
- watch：しまむら

Shoes
¥ 2,030 [しまむら]

Total ¥ 6,730
（アウター含めて¥10,710）

冬 Winter

ピンクニットの甘さを抑えてくれるレオパード柄のスカート。透け感のあるチュール素材で独特な雰囲気を楽しめます。春感の出るチュール素材は、深みのあるブラウンを選ぶことで軽さを抑えて。

"きちんと見え"したい仕事の場面
小物選びで地味に見えない

Outer
¥ 2,200 [しまむら]

Tops
¥ 1,900 [しまむら]

Bag
¥ 1,900 [しまむら]

Bottoms
¥ 1,900 [しまむら]

- earrings：しまむら
- necklace：しまむら
- watch：Chambre

Shoes
¥ 1,900 [しまむら]

Total ¥ 7,600

（アウター含めて¥9,800）

冬 Winter

仕事できっちり決めないといけない日は"きちんと見え"スタイルで。バケツ型のショルダーバッグはHarris Tweed（ハスツイード）。モノトーン配色なので、コーデの脇役にもなれるアイテムです。トレンドレスに楽しめる冬の名品で、2年前に購入したものをいまだに使っています。

定番のライダース
素材を変えて周りと差をつけて

Tops
¥ 500 [しまむら]

Outer
¥ 2,900 [しまむら]

Bag
¥ 2,900 [しまむら]

Bottoms
¥ 1,900 [しまむら]

- earrings：しまむら
- necklace：しまむら
- watch：しまむら

冬 *Winter*

Total ¥ 7,200
（アウター含めて¥10,100）

Shoes
¥ 1,900 [しまむら]

全体をブラウンでまとめることで、ナチュラルな甘さを出すことができます。無難になり過ぎないように、マップ柄のショルダーバッグでセンスを感じさせて。

**ロングカーディガンで
落ち感のあるシルエットを**

Tops
¥ 500 [しまむら]

Bag
¥ 2,900 [しまむら]

Outer
¥ 900 [しまむら]

Bottoms
¥ 1,900 [しまむら]

- earrings：しまむら
- necklace：GU
- watch：しまむら

Shoes
¥ 1,900 [しまむら]

Total ¥ 7,200
（アウター含めて¥8,100）

シックな色合いのロングカーディガンは、ジャケットよりもかっちりし過ぎないカジュアルさが魅力です。ほどよいリラックス感のあるシルエットで、スカートを合わせてもがんばり過ぎない、適度な抜け感を。

パンツスタイルこそ
フェミニンな小物で女性らしさを引き出す

Tops
¥ 1,900 [しまむら]

Outer
¥ 3,900 [しまむら]

Bag
¥ 1,900 [しまむら]

Bottoms
¥ 1,900 [しまむら]

- earrings：しまむら
- watch：Chambre

Shoes
¥ 1,900 [しまむら]

Total ¥ 7,600
（アウター含めて¥11,500）

冬 Winter

足元のファーパンプスが目を引くように、パンツはアンクル丈をセレクト。ファーがたっぷり使われたボリュームを感じるデザインは暖かそうに見せてくれるので、冬に重宝するアイテムです。

ニットコーデにマンネリを感じたら
ミントグリーンで気持ちもフレッシュに

Outer
¥ 1,500 [しまむら]

Bag
¥ 1,900 [しまむら]

Tops
¥ 1,500 [しまむら]

Bottoms
¥ 2,730 [しまむら]

- watch：しまむら

Shoes
¥ 1,330 [しまむら]

Total ¥ 7,460
（アウター含めて¥8,960）

大人カジュアルなニットは、ミントグリーンで他にはないカラーをチョイス。マンネリな冬コーデを脱却してくれる爽やかなカラーが魅力的です。厚い素材なので、寒そうに見えないほっこりデザイン。大判ストールをぐるりと巻いてよりカジュアルに。

ニットワンピースには綺麗めバッグを
手抜き感のない小物でラフさを抑えて

Bag
¥ 1,900 [しまむら]

Outer
¥ 3,980 [Avail]

One-piece dress
¥ 900 [しまむら]

- earrings：しまむら
- watch：しまむら

Shoes
¥ 1,200 [しまむら]

Total ¥ 4,000
（アウター含めて¥7,980）

冬 Winter

休日に大活躍するムートン風ブーツは、少し違ったデザインで周りと差をつけて。個性が光るデザインはプチプラだということを感じさせません。ボリュームのあるアウターとブーツには、小さめバッグで女性らしさを忘れずに。

ブラックのアイテムには柄物を合わせて
表情豊かな素材感で冬を楽しむ

Outer ¥ 2,200 [しまむら]

Bag ¥ 990 [GU]

Tops ¥ 900 [しまむら]

Bottoms ¥ 1,900 [しまむら]

- earrings：しまむら
- necklace：しまむら
- watch：Chambre

Shoes ¥ 1,900 [しまむら]

Total ¥ 5,690
（アウター含めて¥7,890）

冬 Winter

グレー×ピンクで冬のフェミニンコーデを楽しんで。タイトスカートは、裾にフリンジのようなデザインが入っているのがおしゃれですね。ウエストはゴムで楽ちんですが、後ろの部分だけにゴムが入ったデザインを選ぶと、トップスをインしても野暮ったく見えません。

シューズとバッグの色を合わせれば どんな組み合わせもおしゃれに見える

Bag
¥ 1,900 [しまむら]

Outer
¥ 3,980 [Avail]

Tops
¥ 500 [しまむら]

Bottoms
¥ 1,900 [しまむら]

Shoes
¥ 2,900 [しまむら]

- earrings : しまむら
- necklace : しまむら
- watch : daiso

Total ¥ 7,200
（アウター含めて¥11,180）

冬 Winter

ピーチスキン素材×細めのプリーツスカートは上品なシルエットに仕上がります。そこにカジュアルなボアジャケットを合わせることで、大人にしか出せない"今っぽさ"を感じさせることができます。

ビビッドカラーをトップスにオン
女っぷりが上がる組み合わせ

Bag
¥ 990 [しまむら]

Tops
¥ 1,900 [しまむら]

Outer
¥ 5,990 [GU]

Bottoms
¥ 1,900 [しまむら]

- earrings：しまむら
- necklace：GU
- watch：しまむら

Shoes
¥ 2,490 [GU]

Total ¥ 7,280
（アウター含めて¥13,270）

フレアスカートにはタイトなニットトップスを合わせてコンパクトにまとめるのが◎。ビビッドなレッドを取り入れるとキツさが際立ってしまうので、足元は柔らかなベージュを使って好印象を与えましょう。

ボリューム感のあるコートは Iラインなら着膨れしない

Tops
¥ 1,900 [しまむら]

Outer
¥ 3,900 [しまむら]

Bag
¥ 2,900 [しまむら]

Bottoms
¥ 1,900 [しまむら]

- earrings：しまむら
- necklace：しまむら
- watch：Chambre

Shoes
¥ 1,200 [しまむら]

Total ¥ 7,900
（アウター含めて¥11,800）

冬 Winter

大人が似合うボアコート。アンクル丈のテーパードパンツでさりげない肌見せを狙って。
多色使いのチェック柄のパンツのお陰で、ニットとバッグのカラーを馴染ませてくれます。

ミントグリーン×チョコレートブラウン
大人女子にベストマッチする可愛い配色

Tops
¥ 1,500 [しまむら]

Outer
¥ 3,980 [Avail]

Bag
¥ 3,900 [しまむら]

Bottoms
¥ 1,900 [しまむら]

- earrings：しまむら
- watch：しまむら

Shoes
¥ 1,200 [しまむら]

Total ¥ 8,500
（アウター含めて¥12,480）

真冬を乗りきるカジュアルコーデは、とことん防寒対策を。バンブーハンドルやファーブーツなど、トレンド感を取り入れた小物は女性ウケも抜群です。
バッグはHarris Tweed(ハリスツイード)。しまむらで毎年発売される商品ですが、柄・デザインのバリエーションが豊富で、買い足していくのが楽しみでもあります。

冬の定番・**ダッフルコート**は赤をチョイス
ニットワンピと合わせて冬のカジュアルを楽しんで

Outer
¥ 9,800 [しまむら]

Bag
¥ 1,900 [しまむら]

One-piece dress
¥ 1,900 [しまむら]

- earrings：しまむら
- watch：daiso

Shoes
¥ 2,100 [しまむら]

Total ¥ 5,900
（アウター含めて¥15,700）

一歩間違えると学生感が出てしまうダッフルは、あえて鮮やかなレッドで今っぽい印象に変えましょう。カジュアルコーデにはヒールを合わせて大人な雰囲気を意識して。

Column 4
魅惑のプチプラ小物の世界

　小物は、季節感やトレンド感を演出するのに欠かせないアイテム。
　例えば、「10月はまだ暑い日もあるけど秋冬らしいおしゃれを楽しみたい！」という時は、ファーが付いたバッグや靴を投入すれば、季節を先取りすることができますし、「流行りのスポーティなコーデをしてみたいけど、年齢や仕事柄、カジュアルすぎるのはちょっと……」という時は、キャップを被ったり足元をスニーカーにしたりすれば、ほどよくスポーティな雰囲気にまとめることができます。
　まさに「小物使いがおしゃれを制す！」と言っても過言ではありません。洋服の組み合わせが同じでも、小物次第でイメージを変えることができるので、「少ない洋服でコーデの幅を広げられる」というメリットもあります。
　このコラムでは、「プチプラショップで私がどんな風に小物を選んでいるのか？」「アラサーが買うべきプチプラ小物とは？」といった、プチプラ小物の達人になる方法をお伝えします！

しまむら、GUで購入したアクセサリーと時計。アクセサリーの価格はだいたい200円～980円。このお値段で豊富なデザインが揃うので、いろんなテイストにチャレンジできます。ヘビロテアイテムは写真中央の一粒パールのネックレス（しまむら）。

しまむら＆GUの小物の特徴

1 しまむらの小物の特徴

しまむらのアクセサリー

　とにかく種類が豊富！ アクセサリーだけでもピアス、ネックレス、リングといったアイテムから、時計やスカーフ、バッグチャームなども揃っていて、そのどれもがカジュアルからフォーマル系まで、さまざまなデザインで展開しています。

　プチプラなので、普段なら挑戦しないデザインの小物やトレンド物にもチャレンジしやすかったり、冠婚葬祭用など出番の少ないアイテムも気軽に購入できたりする点も魅力。洋服と同様に、各店舗1点ずつしかないので人とカブらないところも◎です。

しまむらのバッグ

　バッグは、デザイン性の高さと使い勝手の良さが魅力です。「a.v.v（アー

Column 4

しまむら、GUで購入した靴。おすすめは写真中央の「マシュマロフィットパンプス」(GU)。履き心地抜群のうえ、ピンク、ブルー、マスタードイエローなど季節感のある鮮やかな色の展開もあります。コーデの主役にぜひ取り入れて。

・ヴェ・ヴェ）」や「Harris Tweed（ハリスツイード）」をはじめとするブランドコラボが定期的に行われていて、「このブランドでこの安さ!?」と驚くことがあります。

　機能性では、ハンドバッグだけど付属の長紐を使えばショルダーとして使えるなど、2WAY・3WAY仕様が多いのも特徴です。

しまむらの靴

　靴もバッグと同様に、デザイン性の高いアイテムが充実しています。

　リアルなパイソン柄のパンプスや、ヒールの部分にゴールドのラインが入ったブーツなど、"高見え"する靴が多い印象です。

　バッグと靴は、ハイブランド風のデザインを取り入れたアイテムが発売されるのも、しまむらの特徴のひとつ。すぐに話題になり、あっという間に売り切れるので、見つけたら即買いです！

上・「THE EMPORIUM」コラボのバッグ。
中・「a.v.v」コラボのバッグ。
下・「Harris Tweed」コラボのパンプス。

ハイブランド風のデザインを取り入れたしまむらの靴とバッグ。

② GUの小物の特徴

　しまむらと比べると、シンプルな靴やバッグが多い印象のGU。

　例えば、かごバッグひとつとっても、落ち着いた色味だけど、トレンドのバケツ型でタッセルが付いているなど、シンプルさの中にトレンドがうまく調和された印象です。大人の女性が取り入れやすいアイテムが多いと感じます。

　アクセサリーに関しては、種類はそれほど多くありませんが、「値下げコーナー」があり、時期によってはしまむらよりも安い価格で購入できることもあって見逃せません（p144のコーデで使用したネックレスはなんと190円でした！）。

　靴やバッグは、1アイテムにおけるカラーバリエーションが豊富なので、普段挑戦しにくいビビッドカラーやトレンドカラーにも挑戦しやすいのが魅力。おしゃれの幅が広がります。

Column 4

しまりんご流・プチプラ小物の選び方

　プチプラ小物選びにおいて、私が最も意識しているのは"高見え"するかどうか。具体的にどんなところに注目して小物選びをしているか、お伝えしたいと思います。

① アクセサリー

　ネックレスのチェーンや、飾りの部分が安っぽく見えないかが重要なチェックポイント。

　特にチェーンはチープ感が出やすい部分なので、しっかり見極めます。ゴールドチェーンで細めのものを選べば間違いなしです。

　時計はフェイスに目がいきがちですが、実はベルト部分がしっかりしているかどうかが"高見え"ポイント。ベルトが安っぽく見えないかどうか、しっかりチェックしましょう。

② バッグ＆靴

　バッグと靴の最大の見極めポイントは、素材感です。

　例えば、同じ合皮でも、本皮に近い柔らかさや表面の照り感など、スウェード風素材の場合は滑らかな生地感や柔らかな肌触りなど、実際の商品を見て、触って確認します（スーパーで野菜・果物を選んでいる時の感覚と似ています）。「素材がわざとらしくないか」「どれだけ本物の素材と同じに見えるか？」が"高見え"商品見極めの秘訣です。

　バッグは縫い目が荒くないかを細かく見ます。特に、色の切り替え部分と持ち手は、チープさが出やすい部分なので要チェックです。

　靴は「履き心地」も大事です。いくら安くて可愛い靴でも、履き心地が悪いと使えないので、靴は必ず試し履きするようにしています。おかげで、しまむらの靴もGUの靴も、買ってから3年以上履いているものが多くあります。

バッグの質感・縫製・発色をチェックします。こちらはp154でおすすめしたバッグと同じデザインの色違いですが、縫製がとてもしっかりしています。持ち手や、布の切り替え部分に安っぽさが出やすいのでしっかりとチェックを。

ヘビロテ率高し！ 大人におすすめのプチプラ小物達

　プチプラハンターとして数多くのショッピングをしてきた私が特に「買ってよかった！」と実感した、使える小物をご紹介します。

① 一粒パールのネックレス（しまむら）

　p149の写真中央のネックレスですが、このしっかりした見た目で、なんと280円！ 大人っぽい一粒パールのネックレスは、カジュアルな休日コーデからオフィスコーデまで出番が多め。

　しまむらのパールは、コットン風やキラキラしたパールなど、質感の種類が豊富なのもお気に入りポイントです。

　プチプラアクセというと、飾りが多かったり安っぽかったりして、若い子向けの物が多いイメージを持っている人が多いと思うのですが、大人の女性でも使えるシンプルなアイテムも充実していますよ。

Column 4

最も"高見え"したベージュのバッグ（しまむら）。仕事でも使いやすいデザインのうえ、夏コーデにも冬コーデにも合わせやすいアイテムです。写真はp53、p112のコーデ。

② シンプルなベージュのバッグ（しまむら）

　このバッグは、私のしまパト史上、「最も高見えしたバッグ」！　そう自信を持って言えるほど、ヘビロテしているバッグです。

　シンプルで使いやすいデザインなのですが、持ち手が細かったりゴールドの金具が付いていたりと、女性らしさと高見えポイントが共存しています。色も絶妙で、ベージュ感の強すぎない、柔らかなライトベージュというところも"高見え"に一役買っています。

③ 白スニーカー（しまむら）

　白い小物はどんなコーデとも相性が良く、おしゃれ感も演出してくれる便利なアイテムです。なかでも白いスニーカーは、派手な色や柄の洋服を着てもコーデにまとまりを出してくれるので、1足持っていると重宝します。

　しまむらの白スニーカーは、キャンバス地のカジュアル系から、シンプルで大人っぽいスリッポンタイプまで種類が豊富。だから、さまざまな

レオパード柄×チュールスカートという、トレンド要素てんこ盛りのアイテムを着こなしたい時も、白スニーカーは心強い味方になります。写真はp109のコーデ。

GUの「マシュマロフィットパンプス」は履き心地抜群で疲れにくい。カラーバリエーション豊富で足元から季節感を取り入れることができます。写真はp69のコーデ。

テイストの白スニーカーを揃えて、「困った時の白スニーカー」とばかりに頼っています。白スニーカーは汚れやすいので、プチプラで気軽にゲットできるのは嬉しいですよね。

❹ マシュマロフィットパンプス（GU）

　シンプルでカラーバリエーション豊富なGUの小物のなかでも、特にお気に入りなのが「マシュマロフィットパンプス」シリーズです。「マシュマロ」と名付けているだけあって、履き心地は抜群！ パンプスを履くのが苦手な私が色違いで5足も持っているほど、優しい履き心地で長時間歩いても疲れません。

　ファッションを左右するのは、実は小物の存在！ ハイブランドアイテムももちろん素敵ですが、プチプラなら数で勝負できるので自在に印象を操ることができます。みなさんもぜひ、プチプラ小物を上手に取り入れて、季節やトレンドに合わせたおしゃれを楽しんでみてくださいね。

Trench Coat Style

Shimaringo's coordinate

Profile

しまりんご

Ameba公式トップブロガー。ブログ「しまりんごの毎日しまむらコーデ」は読者数7万人超え、10〜20代ファッションジャンル1位、月間550万PV、1日最高72万アクセスを誇る人気ぶり。
しまむら・GU・UNIQLOの"プチプラだけ"なのに"高見え"する全身トータルコーデが話題となっている。毎週水曜にしまむらの新作をチェックする"しまパト"を欠かさないしまむらフリークであり、しまむらを中心としたプチプラのコーディネートだけではなく、プチプラ商品の見極め、購入品の率直なレポートも紹介している。子育て中の主婦でもあり、通勤に着回しやすいフォーマルなコーデから、動きやすさを重視したママコーデまで、幅広いスタイルを提案している。

本書にて掲載しているアイテムは、すべて著者私物であり、著者購入時の価格です。各ブランドへのお問い合わせはご遠慮ください。プチプラショップの特性上、販売が終了しているものも多数ございます。併せてご了承ください

全身1万円以下で"きちんとして見える"

― 毎日しまむらコーデ ―

2019年6月3日　第1刷発行

著者　　しまりんご

発行者　土井尚道
発行所　株式会社　飛鳥新社
　　　　〒101-0003　東京都千代田区一ツ橋2-4-3
　　　　光文恒産ビル
　　　　03-3263-7770（営業）
　　　　03-3263-7773（編集）
　　　　http://www.asukashinsha.co.jp

写真（カバー写真、人物写真）　中村彰男
写真（静物写真、p40人物写真）　梶田麻矢（STUDIO e7）
デザイン　　　　　　　　　　　柴田紗枝（monostore）
イラスト　　　　　　　　　　　柴田紗枝（monostore）
執筆協力　　　　　　　　　　　大西マリコ

印刷・製本　中央精版印刷株式会社

ISBN 978-4-86410-687-0
©Shimaringo 2019, Printed in Japan
落丁・乱丁の場合は送料当方負担でお取り換えいたします。小社営業部宛にお送りください。
本書の無断複写、複製（コピー）は著作権法上の例外を除き禁じられています。

編集担当　　深川奈々